CATALOGUE

RAISONNÉ

DE LA COLLECTION

D'ESTAMPES RARES ET PRÉCIEUSES

DE M. R***.

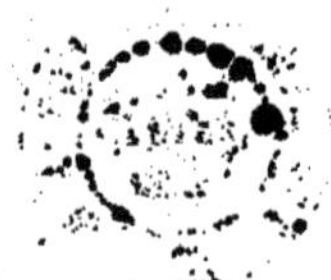

VINCHON, Fils et successeur de Mme Ve BALLARD,
Imprimeur, rue J.-J.-Rousseau, n° 8.

CATALOGUE

RAISONNÉ

DE LA RARE ET PRÉCIEUSE COLLECTION

D'ESTAMPES,

CHEFS-D'ŒUVRE DE LA GRAVURE DU 15e AU 19e SIÈCLE,

Provenant du Cabinet de M. R***,

PAR P. DEFER,

DONT LA VENTE AURA LIEU AUX ENCHÈRES,

Les lundi 26, mardi 27 et mercredi 28 mars 1838,
à une heure après midi,

HOTEL DES VENTES,

PLACE DE LA BOURSE, N° 2, SALLE DU 1er, N° 2,

Par le ministère de Me BONNEFONS DE LAVIALLE,
Commissaire-Priseur, rue de Choiseul, n° 11.

Exposition publique le dimanche 25 mars, de onze heures
à cinq heures, et le matin de chaque vacation de dix heures
à midi.

LE PRÉSENT CATALOGUE SE DISTRIBUE A PARIS,
Chez M. DEFER, Marchand d'Estampes, Expert dirigeant la vente,
quai Voltaire, N° 19.

A L'ÉTRANGER :

Chez MM.	COLNAGHI, marchand d'estampes,		à Londres.
	ARTARIA,	d°	à Vienne.
	BUFFA et Cie,	d°	à Amsterdam.
	ARTARIA et FONTAINE,	d°	à Manheim.

1838.

AVERTISSEMENT.

Les Estampes seront exposées sous verre le dimanche, mais elles seront exposées en feuilles le matin de chaque Vacation, de dix heures à midi; MM. les amateurs et marchands pourront juger de leur état et conservation, mais une fois l'adjudication prononcée il ne sera admis aucun cas rédhibitoire.

ABRÉVIATIONS EMPLOYÉES DANS CE CATALOGUE.

P en H. pour pièce en hauteur.
P en L. pour pièce en largeur.
Le B. suivi d'un n° signifie BARTSCH *et les n°ˢ des pièces décrites dans son* PEINTRE-GRAVEUR.

Il sera perçu cinq pour cent en sus des enchères, applicable aux frais.

Un ordre des vacations sera délivré ultérieurement.

AVANT-PROPOS.

La collection dont nous donnons le catalogue est une des plus importantes de celles passées en ventes publiques depuis plusieurs années : formée en souvenir d'une beaucoup plus considérable, le choix a remplacé le nombre. Cette collection est l'histoire de la gravure, représentée par les productions les plus remarquables des plus célèbres artistes qui ont illustré cet art depuis son origine au 15e siècle jusqu'au 19e.

Pour donner une idée de cette collection, renfermant les chefs-d'œuvre de la gravure ancienne et moderne dans divers pays, il nous suffira de citer, savoir :

En ITALIE, les nielles, ouvrages des orfèvres florentins, les productions de *Baldini*, *And. Mantegna*, *Zoan Andrea*, *Jean de Bresse*, *J. Campagnola*, etc. Les plus rares et les plus belles estampes de *Marc-Antoine Raimondi*, dont Adam et Ève, la Cène, le Jugement de Pâris, le Parnasse, le Martyre de saint Laurent, rare épreuve aux deux fourches, etc. ; et celles de ses élèves ou imitateurs, *Aug. Vénitien*, *Bonasone* et *G. Mantuan*. Des eaux-fortes, des *Carraches*, etc., etc., et dans les modernes, la Madeleine du Corrège, par *Longhi*.

En ALLEMAGNE, des productions d'anciens graveurs en bois, celles sur cuivre, *du maître de 1466, de Martin Schongauer, Israël de Mecken, Albert Durer*.

Dans les PAYS-BAS, le burin des *Lucas de Leyde, Goltzius, Vosterman, Visscher, Suyderoëff*; les spirituelles eaux-fortes des *Teniers, Ant. Van-Dick*; la pièce aux cent florins, 1er état de Bartsch, chef-d'œuvre de

Rembrandt; les animaux, de *Berghem*, de *Roos*, de *Dujardin*; le cheval de *Wouvermans*, etc., etc.

En FRANCE, une pièce de *Bernard Millet*, graveur en bois de l'an 1454; les estampes de *Marc Duval*, *Callot*, *Claude le Lorrain*, *Audran*, *de Poilly*, *Pesne*, *Nanteuil*, *Edelinck*, *Drevet*, *Balechou*, etc.; et dans les modernes : *MM. Forster*, *Lorichon* et *Aubry-Lecomte*.

En ANGLETERRE, *W. Woollett*, *Strange* et *Cousins*. Ce dernier, graveur en manière noire.

Toutes les pièces capitales, réunies à grands frais, que contient cette collection, offrent des épreuves d'une belle conservation et d'une beauté parfaite. Elles sont ou avant la lettre, ou avec les remarques qui en assurent la priorité, et ont fait partie des cabinets les plus célèbres en Europe, tels que ceux de *Mariette*, *Peter-Lely*, *Saint-Yves*, *Valois*, *Borduge*, *Graves*, *Van-der-Leyden*, *Sykes*, comte de *Fries*, *Logette*, *Rigal*, *Van Puten*, *Franck* et M. *Rossi*.

CATALOGUE

RAISONNÉ

D'UNE COLLECTION

D'ESTAMPES RARES ET PRÉCIEUSES.

NIELLES,

PAR DES ORFÈVRES FLORENTINS.

1 — La Vierge tenant l'Enfant-Jésus sur ses genoux, elle est assise sur un trône entouré de quatre anges, dont un joue du violon et un autre pince de la guitare. Au bas du trône, deux saints et deux saintes agenouillés. Pièce cintrée. H. 2 po. 10 lig. L. 1 po. 7 lig.

2 — Adoration des Mages ; composition d'un grand nombre de figures. A droite, la Vierge tient l'Enfant-Jésus assis sur ses genoux, auquel un des trois rois baise les pieds ; du même côté, saint Joseph appuyé sur un bâton. Derrière la Vierge deux saintes femmes, à l'entrée d'une porte qu'abrite un toit au-dessus duquel se voient trois anges tenant une banderolle où est écrit à rebours *xbs rex venit in pace*..... *est*. A gauche un grand nombre de figures, dont plusieurs hommes à cheval de la suite des Mages. Au haut de l'estampe, l'étoile annonçant le Messie. Pièce cintrée. H. 3 po. 6 lig. L. 2 po. 5 lig.

Cette estampe provient de la collection *Durand*.

3 — Christ descendu au Tombeau. Le Sauveur, à moitié descendu dans une tombe carrée ornée de frises d'ornemens, est soutenu à droite par sa mère, à gauche par un de ses disciples; au-dessus de la tête de ces trois personnages la croix, au haut de laquelle on lit à rebours INRI. H. 1 p. 10 lig. L. 1 po. 5 lig.

4 — Portrait et Armoiries du pape Léon X, sur nielles de forme ovale. Le premier représente le pape vu de face, la tête tournée un peu vers la droite et coiffée d'un bonnet simple; au-dessus est une banderolle avec les mots : LEO X PONT. MAX. Le second offre les armes des Médicis, surmontées des clefs pontificales et de la tiare. Diamètre de chaque, H. 2 po. 5 lig. L. 1 p. 10 lig., en y comprenant une bordure ornementale de deux lignes.

Ces deux nielles se trouvent décrits dans le catalogue de la collection du *comte de Cicognara*.

5 — Deux Portraits, médaillons à fond noir : l'un représente Bocace en buste, vu de profil, tourné vers la droite, la tête couronnée de lauriers. Une légende sur laquelle on lit, à droite BOC, à gauche CIO. Le second représente un portrait de femme en buste, vu de profil, le regard tourné à droite. Elle est coiffée en cheveux, dont les nattes lui tombent sur les épaules. Une légende sur laquelle on lit : à droite META, et à gauche E:A. Diamètre de chaque 16 lig.

6 — Platine d'un pistolet; sur un fond noir, un rinceau d'ornement où se voit une chasse au sanglier, l'animal est poursuivi par des chiens et forcé par deux hommes, dont l'un à cheval au milieu et l'autre à gauche derrière le sanglier; au coin, à droite, un troisième chasseur donne du cor. L. 4 po. 6 lig. H. 10 lig.

ANONYMES. (*Anciens Graveurs italiens.*)

7 — La Vierge, vue jusqu'aux genoux, est caressée par l'Enfant-Jésus, qui est debout devant elle sur un coussin posé sur une balustrade; à droite, un pilastre en avant duquel se trouve

une colonne à moitié brisée; sur le devant, à gauche, un chat et une pomme. Dans le lointain, du même côté, sur le bord d'une rivière où vogue des bateaux, dont une gondole vénitienne, un arbre sec et quelques maisons. H. 5 po. 7 lig. L. 3 po. 10 lig.

Charmante pièce non décrite d'un vieux maître italien. Elle vient de la collection *Sikes*.

8 — Femme entièrement nue. Elle est en pied, vue de face, le regard suppliant, la tête ornée d'une chevelure qui lui descend jusqu'à la moitié du corps; elle a la main gauche élevée, et de la droite tient une espèce de miroir. Au haut, à gauche, on lit : VÉNVS. H. 10 po. 5 lig. L. 5 po. 4. lig.

Cette estampe, par un vieux maître italien, est non décrite. Elle est de la plus grande rareté.

ANONYMES. (*Anciens graveurs en bois.*)

9 — Espèce de Sceau représentant dans la partie du bas un saint à genoux, dans une attitude suppliante ; au-dessus un guerrier armé de toutes pièces, la main gauche appuyée sur un bouclier et tenant de la droite une espèce de hallebarde. Pièce de forme ovale en losange ; elle a de diamètre : H. 2 po. 1 lig. L. 1 po. 2 lig., en y comprenant une bordure de 2 lig., dans laquelle on lit : S. IOHANNIS OLESANI AD S. MARICIVM IN AGVSTA A° M. CCCC. VII.

Cette pièce, avec la date de 1407, est de la plus grande rareté. Elle est citée par *de Murr*.

10 — Saint Antoine, martyr. Il tient de la main droite la crosse pastorale, et de la gauche il soutient un livre et une clochette, dont l'anneau est passé au petit doigt de cette main. A droite et à gauche des pieds du saint, deux cochons de lait, dont un a une clochette. De chaque côté des hommes et des femmes à genoux récitent des prières, lesquelles e lisent dans des légendes au-dessus de leurs têtes. H. 11 po. 3 lig. L. 8 po. 7 lig.

Morceau rare. Il est enluminé.

11 — *Ecce Homo.* Le Sauveur assis, recouvert d'un manteau, les mains liées, est insulté par deux bourreaux, dont l'un lui tient un mouchoir sur la tête pour lui cacher les yeux, et lui montre le poing; l'autre lui tire les cheveux, et tient la main droite élevée pour le frapper, en même temps qu'il lui crache au visage. Dans le haut on lit: ECCE HOMO. H. 11 po. 4 lig. L. 7 po. 8 lig.

Morceau rare. Il est enluminé.

12 — Sainte Marguerite sur un fond noir parsemé de fleurs. La sainte est représentée une couronne sur la tête, marchant vers la droite, sur un parterre émaillé de fleurs; elle porte du bras gauche un pot de fleurs, et tient de la main droite la fleur dont elle porte le nom. Une bordure, d'un pouce de largeur avec ornement sur fond noir, entoure le sujet en laissant un interstice de deux à trois lignes. H. 8 po. 8 lig. L. 6 po. 7 lig.

13 — Une sainte représentée en pied, vêtue d'un riche manteau, tenant de la main gauche une palme de martyr, et de la droite un livre; à droite un tabernacle, où se voit un calice avec l'hostie. Le fond est noir, parsemé d'ornemens. H. 6 po. 1 lig. L. 4 po. 4 lig.

Ce bois, et le précédent paraissent appartenir à une suite d'images de saints. A l'épreuve du dernier sujet, la bordure a été coupée. Tous deux sont légèrement enluminés.

AUDRAN (GIRARD), *graveur à l'eau-forte et au burin, né à Lyon en 1640, mort à Paris en 1703.*

14 — La femme adultère, d'après le tableau de N. Poussin, au *Musée Royal.* P. en L.

Première et très belle épreuve avant les points, placés dans la marge du côté droit de l'estampe.

AUBRY-LECOMTE (M.), *dessinateur-lithographe, né à Nice en 1797.*

M. 15 — La belle Elisabeth, lithographiée d'après Girodet, très belle épreuve avant la lettre, papier de Chine.

BALDINI (Baccio ou Bartholomée), *orfèvre graveur, vécut à Florence, entre les années 1460 et 1480. Suivant Vasari, ce fut le premier graveur qui survint après Maso Finiguera (*). Sachant peu dessiner, il se fit aider par Sandro Boticello, d'après les dessins duquel il aurait gravé.*

16 — Vignette pour le IIIe chant de l'*Enfer* du Dante (**). A la droite de ce morceau, Caron dans une barque ; à gauche, de l'autre côté de l'eau, Virgile conduit le Dante vers la porte de l'enfer, au haut de laquelle on lit : Per me per mi siv per mi sivatra. On voit ces deux mêmes poëtes de l'autre côté de la porte au milieu de l'estampe ; et une troisième fois à droite, près de la barque à Caron. Dans le fond de ce côté, les âmes de ceux qui ont vécu sans crimes et sans vertus. Au coin, à gauche, un 3 à rebours. P en L (*Bartsch*, n° 42.) 3o.
Très belle et rare épreuve sans écriture au verso.

17 — La Vie de la Vierge. Ce morceau, divisé en onze compartimens, dont celui du milieu, représentant la Mort de la Vierge et son Assomption, occupe une place de 6 po. 7 lig. de H., 3 po. 7 lig. de L. Des dix autres qui l'entourent, celui du bas, qui représente l'Adoration des Rois, porte 3 po. 6 lig. de L., 2 po. 4 lig. de H. Huit autres sujets, épisodes de la vie de la Vierge, dont quatre à gauche, quatre à droite, de 2 po. à 4 lig. de H. : 1 p. 11 lig. de L. Le dixième compartiment, qui occupe toute la largeur du haut de l'estampe, à 1 po. 7 lig. de H. Il représente Dieu le Père entouré d'un chœur d'anges, et l'auréole où est Dieu anticipe sur le compartiment du milieu. Grandeur totale de l'estampe, H. 10 p. 8 l. L. 7 p. 1 l.
Belle et très rare estampe non décrite par Bartsch.

BALECHOU (Jean), *graveur au burin, né à Arles en 1715, mort à Avignon en 1764, élève de B. Lepicié.*

18 — Le portrait en pied d'Auguste III, roi de Pologne, d'après le tableau de H. Rigaud. P. en H.

(*) C'est à ce dernier que l'on doit la découverte de l'impression en estampes.

(**) Gravée pour être jointe à l'édition du *Dante*, imprimée à Florence par Nicholo di Lorenzo della Magna, en 1481.

Première et très rare épreuve avant toutes lettres. Elle est anté-
rieure même à celle que possède le Cabinet des Estampes de
Paris, en ce que la marge est couverte d'essai de burin, et
que les nuages à gauche dans le ciel sont avant une troisième
taille; elle est aussi avant tous les travaux rentrés dans les
plantes dans le bas de la terrasse.
Cette estampe manque de fraîcheur. Elle provient du cabinet du
général *Démont*.

19 — La même estampe.

Cette épreuve est sans la bordure qui entoure le portrait, et sans
les essais de burin dans la marge du bas; mais avec les contretailles au ciel. Elle est beaucoup plus vigoureuse de ton
que la précédente. Très rare dans cet état, peut-être unique.
Elle provient du cabinet de M. *Franck*, amateur allemand.

20 — La même estampe, épreuve avec la lettre et avec l'année 1750 et les mots : *Chevalier de Saint-Michel.*

21 — La Tempête, d'après le tableau de Joseph Vernet. P. en L.

Première et très rare épreuve avant la lettre; la marge est couverte d'essais de burin. Au dos de cette estampe est imprimée
une épreuve du *calme*, d'après le même peintre par le même
graveur.

BERGHEM (Nicolas), *peintre, né à Harlem en 1624; mort dans
la même ville en 1683, élève de J.* Van Goyen, Nic. Moyaert,
P. Grebber *et* J. Weenix. *Il a gravé à l'eau-forte.*

22 — Les trois Vaches en Repos (*B.*, n° 3). P. en L.

Première épreuve extrêmement rare, où le nuage vers le milieu
du ciel, au-dessus d'un petit bouquet d'arbres, n'est que tracé;
elle est avant les travaux sur les montagnes du fond, et avant
le nom de *N. Berghem* dans le haut du ciel à gauche.

23 — Le Joueur de Cornemuse; plus loin un Pâtre conduit des
animaux (*B.*, n° 4). P. en L.

Première et rare épreuve avant le nom de *N. Berghem fc.* au haut
du ciel à gauche. Cette estampe et la précédente proviennent
des cabinets *Ploos-van-Amstel* et de *Fries*.

24 — Pâtre vu par le dos. Il joue de la flûte près d'une jeune fille assise à la gauche; derrière la jeune fille un mouton ; plus loin une haute montagne couverte d'arbres; à la droite divers autres animaux (*B.*, nº 6). P. en H. Morceau sans nom de maître.

Première épreuve avant le nº 51 à droite dans la marge, ajouté postérieurement à la planche pour la placer dans l'œuvre de *Karel Dujardin*.

25 — Le Cahier à la femme; première suite de six estampes, représentant des béliers et des moutons. A la première, une femme tournée vers la droite assise sur une pierre qui lui cache les jambes; plus loin, une autre femme vue par le dos. P. en L. (*B.*, nºˢ 29-34).

Très belles épreuves avant le titre *animalia....etc.*, à la première pièce et avant les nºˢ; elles sont d'eau-forte pure. Elles proviennent du cabinet *Van-der-Leyden*.

BONASONE (JULES), *peintre et graveur, né à Bologne vers 1510, mort vers 1580. Il paraît avoir pris* MARC-ANTOINE *pour guide dans la gravure.*

26 — Clélie traversant le Tibre et ramenant à Rome ses compagnes prisonnières dans le camp de Porsenna, d'après *Polydore de Caravage*. On lit à la droite d'en-bas : IV. BONA SO. IMITANDO PINSIT ET CELAVIT. P. en L. (*B.*, nº 83).

Superbe et rare épreuve avant l'adresse de *Ant. Lafreri*.

27 — Quatre statues placées dans des niches, suite de quatre estampes : elles représentent Léda et Jupiter en cygne, Diane chasseresse, une Muse et Diane tenant des fruits. P. en H. (*B.*, nºˢ 143 à 146). Morceau sans marque. Très belles épreuves.

CALLOT (JACQUES), *peintre, graveur à l'eau-forte et au burin, né à Nancy en 1593, mort dans la même ville en 1635, élève de* CANTA GALLINA, JUL. PARIGII, *et* PH. THOMASSIN.

28 — Les Supplices. Morceau ainsi nommé par les différens genres de supplices qui y sont représentés. Au bas de l'estampe, à droite, *Ia Callot fe.* ; dans la marge au-dessous huit vers français. *Voy: lecteur.....* Sur le ciel : SUPPLICIUM SCELERI FRÆNUM. P. en L.

Première épreuve. On y distingue, à l'angle d'une rue dans le fond à droite, la statue de la Sainte-Vierge; et derrière les maisons, aussi dans le fond et vers la gauche, une tour carrée; les lignes tracées pour le titre y sont très apparentes.

CAMPAGNOLA (JULES), *graveur, né à Padoue vers 1481.*

29 — Saint Jean-Baptiste; il est debout au milieu de l'estampe. Il relève son manteau de la main droite et tient de l'autre une écuelle; le fond offre un paysage. Au haut, à gauche, est écrit : IVLIVS CAMPAGNOLA F. ; et au bas, à droite, cette adresse : *A presso Nicolo Nelli in Venetia.* P. en H. (*B.*, n° 3.) On peut regarder ce morceau comme un premier essai de la manière de graver au pointillé.

Belle épreuve et bien conservée.

30 — Femme nue, vue par le dos, couchée sur une draperie; elle dort la tête un peu élevée, appuyée sur un tertre; elle est de profil et tournée vers la droite. Le fond représente à droite un buisson d'arbres; à gauche, dans le lointain, plusieurs maisons. Pièce sans marque, L. 6 po. H. 4 po. 2 lig.

Belle épreuve d'une pièce non décrite par *Bartsch.*

CARRACHE (LOUIS), *peintre et graveur, né à Bologne en 1555, mort dans la même ville en 1619. Il fut le chef de la célèbre école des* CARRACHE.

31 — La Sainte-Vierge aux Anges; elle est assise, vue de profil et tournée vers la droite, regardant l'Enfant-Jésus qu'elle tient dans ses bras. Des quatre Anges qui sont en l'air, l'un tient une cassolette et un autre un encensoir. On lit à la gauche d'en-bas : Lo C. *Pretris Stéphanony. Exc.* P. en H. (*B.*, n° 2). Très belle épreuve.

CARRACHE (AUGUSTIN), *peintre et graveur au burin; né à Bologne en 1557, mort à Parme en 1602. Élève pour la gravure de* CORN. CORT.

32 — L'Amour domptant le dieu Pan en présence de deux

Nymphes, qui sont assises à la droite de l'estampe. On lit, au bas de ce même côté : 1599. A. c. in., et au milieu d'en-haut : *Omnia vincit Amor.* P. en L. (*B.*, n° 116.)

Belle épreuve d'une des meilleures productions d'*Au. Carrache*.

33 — Suzanne surprise dans le bain par deux Vieillards, dont l'un à gauche la saisit; l'autre, qui est à droite, se tient debout près d'un piédestal. P. en H. (*B.*, n° 124). Belle épreuve.

CARRACHE (ANNIBAL), *frère d'AUGUSTIN, peintre et graveur, né à Bologne en 1560, et mort à Rome en 1609. Élève de son frère* LOUIS CARRACHE.

34 — La Vierge assise à droite, vue de profil et ayant sur ses genoux l'Enfant-Jésus qui donne à boire dans une écuelle à saint Jean-Baptiste, en présence de sainte Élisabeth. On lit, à la droite d'en haut : *Annib. Carracius, in. et fecit 1606.* Morceau dit *la Vierge à l'écuelle.* P. en L. (*B.*, n° 9.)

Belle épreuve avant l'adresse de *Nico. Van Aelst, for.,* écrite au-dessous du nom d'*A. Carrache.*

COUSINS (SAMUEL), *Anglais, graveur à la manière noire.*

35 — Portrait de Master Lambton, d'après le tableau de Th. Lau-rence. P. en H. Très rare épreuve avant toute lettre.

36 — Portrait de Vittoria d'Albano, d'après le tableau de M. H. *Vernet.* P. en H. Très-belle épreuve avant toute lettre et sur papier de Chine.

DIEPENBEECK (ABRAHAM), *peintre, né à Bois-le-Duc vers* 1606, *mort à Anvers en* 1675, *élève de* P. P. RUBENS. *Il a gravé à l'eau-forte.*

37 — Paysan au pied d'un arbre, la tête appuyée dans sa main droite, tenant de l'autre un fouet et la bride d'un âne debout devant lui; dans le fond, une campagne; sur le ciel, à droite : *Van Diepenbeeck fec.,* écrit à rebours, et l'année 1630. P. en L.

Très belle épreuve.

DIRK (THIERY), **VAN STAR** ou **STAREN**, *c'est-à-dire* ÉTOILE, *est le nom d'un très habile graveur, dont on n'a pas d'autre notice, sinon qu'il était Hollandais, et qu'il a vécu entre les années 1522 à 1544. Ses estampes sont ordinairement marquées des lettres D. V. séparées par une étoile.*

38 — Saint Bernard adorant l'Enfant-Jésus entre les bras de la Sainte-Vierge. Le saint est à genoux, presqu'au milieu de l'estampe. Le fond représente un portique au travers duquel on aperçoit un paysage; au bas, à droite, à une petite pierre la marque, au milieu du haut on lit : 1524. oct. 3. P. en H. (*B*., n° 8.)

DREVET FILS (PIERRE, IMBERT), *graveur au burin, né à Paris en 1697, mort dans la même ville en 1739, élève de son père* P. DREVET.

39 — J.-Bénigne Bossuet, évêque de Meaux, représenté en pied et debout dans son cabinet. Chef-d'œuvre de gravure, exécuté par *P. Drevet fils*, à l'âge de vingt-six ans, d'après le tableau de H. Rigaud, au Musée Royal. P. en H.

Première et très rare épreuve avec le mot *constorianus* pour *consistoriannus* à gauche, à la première ligne; celui de *trecenses* au lieu de *trecensis* dans la quatrième ligne, à droite du titre et avant l'entre-taille et la taille continuées horizontalement au haut du fauteuil, placé à la gauche du prélat : estampe ainsi nommée épreuve au fauteuil blanc.

DUJARDIN (KARLE), *peintre, né à Amsterdam vers 1640, mort à Venise en 1676, élève de* NIC. BERGHEM. *Dujardin a gravé à l'eau-forte.*

40 — Mulet debout; il a au cou une clochette; plus loin, deux ânes couchés. P. en H. (*B*., n° 29.) Dans la marge : K. DU JARDIN, 1653, *fec.*

41 — Bœuf debout, dirigé vers la gauche; de ce côté, un veau couché, près de lui un pâtre vu par le dos, au ciel, à droite : K. DU JARDIN, *fec.*, 1658. P. en H. (*B*., n° 30.)

Cette estampe et la précédente sont très belles épreuves avant les n°s. Elles proviennent de la collection de M. *Robert Dumesnil*.

DURER (Albert), *peintre et graveur, né à Nuremberg en 1470,*
mort dans la même ville en 1528. Entré dans l'école de MICHEL
WOLGEMUTH, *il y apprit la peinture et se livra aussi à l'étude*
de la gravure. Les estampes de SCHONGAUER *et de* MECKEN *lui*
servirent de modèles. Sa manière tint d'abord de ses premiers
maîtres, mais il sut tellement la perfectionner qu'on peut le re-
garder comme le premier qui ait illustré la gravure en Alle-
magne. Il n'a pas été surpassé pour la finesse, la variété du
travail et la netteté que l'on remarque dans ses ouvrages.

42 — Saint Hubert, ou selon Bartsch (n° 57) saint Eustache ;
il est représenté à genoux devant un cerf ayant un crucifix
entre ses bois ; le monogramme est au milieu du devant.
P. en H. Ce morceau est un des plus considérables et des
plus finis de l'œuvre de *Durer*. Magnifique épreuve d'une
belle conservation (*).

43 — Un Satyre jouant de la flûte dans une forêt ; près d'une
femme étendue à terre, un enfant couché sur ses genoux.
L'année 1505 et le monogramme sur une tablette suspendue
à une branche d'arbre près du bord à droite. P. en H. (*B.*,
n° 69.) Belle épreuve.

44 — Vénus et le démon de l'impureté, près d'un homme endormi assis, appuyé sur des coussins ; sur le devant, l'Amour
essaie de monter sur des échasses ; le monogramme est au
bas du milieu de la planche. Sujet connu sous le titre *du*
Songe ou de l'Oisiveté ; l'invention en est attribuée à *Michel*
Wolgemuth. P. en H. (*B.*, n° 76.) Superbe épreuve de la plus
belle conservation.

45 — Des armoiries où l'on voit un lion rampant, couronné d'un
casque garni de ses lambrequins et surmonté par un coq.
Le monogramme est au bas de la planche, à droite. P. en H,
(*B.*, n° 100.) Très belle épreuve, parfaitement conservée.

46 — Pandore ou la Fortune, représentée par une femme ailée,

(*) Une épreuve de cette estampe fut vendue en vente publique, en 1835,
au prix de 841 francs.

tenant d'une main un vase et de l'autre une bride ; elle est
élevée sur un globe porté sur des nuages : le bas de la composition offre le village d'Eytar, dans la Haute-Hongrie, lieu
originaire de la famille du père d'Albert Durer. A la droite
du devant le monogramme sur une tablette. P. en H.
(*B.*, n° 77.) Superbe épreuve d'une belle conservation.

DUVAL *ou* **DU VAL** (MARC *ou* MARTIN), *florissait vers l'an* 1579.

47 — Les trois frères Coligny représentés en pied. P. en H. Sur
une pierre, dans le bas à gauche : M. DU VAL F. 1579. Dans le
milieu du haut : COLLIGNEI FRATRES ; dans la marge du bas :
Odetus cardinalis Gaspar thalassiarchus Franciscus ordinum
pedestrium præfectus. Pièce rare.

DYCK (ANTOINE VAN), *peintre, né à Anvers en* 1599, *mort à*
Londres en 1641, *élève de* PP. RUBENS. *Van Dyck a gravé*
à l'eau-forte.

48 — Jésus-Christ insulté par un de ses bourreaux, qui lui pré-
sente un roseau. Sujet de demi-figures, composé et gravé par
Ant. Van Dyck. Tit. : *Ecce stat innocuus spinis* ...... *etc.*
Morceau dit : *le Christ au roseau.* P. en H.
Première épreuve avant les mots *aqua forti*, après le mot *inuen.*

49 — Le Titien considérant sa maîtresse ; sujet de demi-figures,
d'après le Titien, par *Ant. Van Dyck.* Au bas quatre vers :
Ecco il belveder ! etc. Au-dessous, une dédicace à Van Uffel.
P. en H.
Première épreuve avant *A. Bon Enfant, exc.*

50 — BREUGHEL le Vieux, dit le Drôle (Pierre), de Breughel près
Breda, peintre de scènes villageoises et d'actions champêtres.
Portrait en demi-corps.
Épreuve avant toutes lettres.

51 — ERASME (Didier) de Roterdam. Portrait en demi-corps.
Ancienne et belle épreuve.

52 — FRANCK (François) ou VRANCK, d'Anvers, peintre d'histoire. Portrait en demi-corps.
Épreuve avant toutes lettres et avant le trait carré qui entoure le
fond.

Le Roi (Philippe), seigneur de Ravels, curieux de tableaux. Portrait en demi-corps dans un ovale. Trois épreuves.

53 — *Première.* De la plus grande rareté ; il n'y a de gravé que la tête, très peu du collet et du haut du manteau. Tout le reste de l'estampe est sans aucuns travaux, et il se trouve une tache d'eau-forte au-dessus de l'épaule gauche.

54 — *Deuxième.* Même état du portrait ; mais la coulure d'eau-forte et quelques essais de pointe disparus.

55 — *Troisième.* Terminée avec les angles à l'ovale, et au bas une tablette en blanc, laquelle n'est pas entièrement terminée.

La première et la troisième épreuves de cette estampe proviennent du cabinet de M. *Franck.*

56 — Morpeü (Josse de), d'Anvers, peintre de paysages, portrait en demi-corps. La planche de ce portrait a été terminée par Vosterman.

Épreuve d'eau-forte avant toutes lettres et de la plus grande rareté, où il n'y a seulement que la tête de gravé et le reste indiqué au trait. Cet état n'est indiqué dans aucun catalogue ; ni celui de la collection d'*Alibert*, ni celui de *Silvestre* ne parle de cette eau-forte. Ils ne désignent que l'épreuve terminée par *Vosterman.*

57 — Oort ou Noort (Adam Van), d'Anvers, peintre d'histoire ; portrait en demi-corps.

Épreuve avant toutes lettres.

Suttermans (Juste) ou Josse Citermans, d'Anvers, peintre d'histoire du grand-duc de Toscane ; portrait en demi-corp.

58 — *Première,* avant toutes lettres.

59 — *Seconde,* avec la lettre de l'édition de *Gilles Hendrick.*

Deux épreuves.

Vosterman (Lucas), graveur au burin ; portrait en demi-corps.

60 — *Première,* avec le fond blanc et avant toutes lettres. Elle est doublée et a quelques restaurations ; elle provient du cabinet de M. *Franck.*

61 — *Seconde,* avec la lettre, le fond travaillé; elle est de l'édition de *Gilles Hendrick.*

62 — Vos (Guillaume de), peintre d'histoire à Anvers; portrait en demi-corps. La planche de ce portrait a été terminée par *Sch. A. Bolswert.*

Épreuve avant toutes lettres, seulement l'eau-forte.

Vos (Paul de) d'Ulst, peintre de batailles et de chasses; portrait en demi-corps. La planche de ce portrait a été terminée par *J. Meyssens* et *Sch. à Bolswert.*

Deux épreuves.

63 — *Première,* avant toutes lettres, seulement l'eau-forte.

64 — *Seconde,* avec la lettre de la planche terminée.

65 — Wael (Jean de), d'Anvers, peintre d'histoire; portrait en demi-corps.

Épreuve avant toutes lettres.

EDELINCK (Gérard); *graveur au burin; né à Anvers en 1669, mort à Paris en 1707; élève de* Corn. Galle *le jeune, se perfectionna sous* Nic. Pitau *et* Franç. de Poilly.

66 — Martin Vanden Bogaart, connu en France sous le nom de Desjardins, sculpteur du roi, recteur de l'académie royale..., représenté debout, vu jusqu'aux genoux; sa main droite posée sur une tête de bronze d'un des captifs enchaînés aux pieds de la statue de Louis XIV, qui décorait la place des Victoires. Cette planche, gravée, en 1698, d'après le tableau peint par *H. Rigaud,* en 1692, est placée au rang des chefs-d'œuvre de *Ger. Edelinck.* P. en H. Belle et rare épreuve avant toutes lettres.

67 — La Madeleine repentante se dépouillant de ses riches vêtemens et renonçant aux vanités du siècle, d'après le tableau de Charles Lebrun, qui se voyait dans l'église des Carmélites de la rue Saint-Jacques, et actuellement au Musée Royal. P. en H.

Magnifique épreuve avant la lettre. Elle provient des cabinets *Borduge* et *Logette.*

ESTEBAN MURILLO (Barthélemy), *peintre, chef de l'école espagnole, né à Séville en 1618, mort dans la même ville en 1682. On lui attribue le morceau suivant, gravé à l'eau-forte avec tout le sentiment qui anime les productions de cet habile maître.*

68 — Saint François; il est représenté à mi-corps, tourné vers la droite, les deux mains croisées sur sa poitrine, en extase devant une croix plantée sur un rocher. H. 2 p. 10 lig., L. 2 p. 4 lig.

Pièce inédite de la plus grande rareté.

FICQUET (Étienne), *graveur au burin, né à Paris en 1731, mort dans la même ville en 1794. Élève de Georges-Fréd. Schmidt de Berlin.*

Françoise d'Aubigné, marquise de Maintenon, gravée en 1759, d'après le tableau peint par P. Mignard, en 1694. P. en H.

Trois épreuves de trois différens états.

69 — *Première*, avec une bordure ovale entièrement différente de celle que l'on trouve ordinairement; elle est entourée de guirlandes de fleurs; l'inscription du bas est en quatre lignes. Le portrait est avant quantité de travaux, et les noms d'auteurs ne s'y trouvent pas. Extrêmement rare; peut-être unique.

70 — *Deuxième*. La bordure est celle ordinaire; mais les deux cartouches ornés, qui sont en-haut et en-bas de l'ovale, ne sont pas terminés; aussi avant une ombre portée au piédes-tal en saillie qui supporte l'ovale. Le titre en deux lignes et les noms d'auteurs.

Extrêmement rare.

71 — *Troisième*. Très belle épreuve de l'état ordinaire; elle est sur papier double.

72 — Bossuet, d'après H. Rigaud. Cette planche n'a jamais été terminée.

73 — Boileau, d'après le même.

74 — Pierre Corneille, d'après Charles Le Brun.

75 — Descartes, d'après François Hals.

76 — De La Mothe Fénélon, d'après Vivien.

77 — Jean de La Fontaine, d'après H. Rigaud; épreuve de la planche où est gravée la fable du Loup et l'Agneau.

78 — Franç. de La Mothe-Levayer, gravé en 1775, d'après Nanteuil.

79 — Poquelin de Molière, d'après Coypel. Première *épreuve* avant les changemens faits au collet du vêtement, avant la contretaille à l'appui sur lequel pose la bordure, et sans les travaux qui ont été ajoutés aux masques qui s'y trouvent.

80 — Michel Montaigne, gravé en 1772, d'après le tableau peint par Dumoustier, en 1578.

81 — Jean-Baptiste Rousseau, gravé en 1763, d'après le tableau peint par Aved en 1736.

    Ces neuf portraits sont avant les noms d'auteurs; ceux de Bossuet, Boileau, La Fontaine et J.-B. Rousseau avant leurs noms, et celui de La Mothe-Levayer ayant la bordure terminée. La plupart des bordures dont ces portraits sont entourés sont dessinées et gravées par *P.-Ph. Choffard*.

82 — Savans Anglais, dont Pope . . . . etc., portraits dans des médaillons d'un pouce de diamètre, entourés de fleurs et placés dans un cartouche. Trois estampes de format in-12. Très rares.

83 — Jean Racine, d'après Santerre, par *Pierre Savart*.
    Première épreuve avec les noms d'auteurs tracés à la pointe, et avant l'adresse de l'éditeur.

FORSTER (M. Françoîs), *graveur au burin, né au Locle, principauté de Neuchâtel, en 1790. Élève de M. P. Langrois.*

84 — Sainte-Famille, dite *la Vierge au bas-relief*, d'après un tableau de Léonard de Vinci, en la possession de M. *Samuel Woodburn*. P. en H.
    Première épreuve avant toutes lettres, papier de Chine. Seulement les noms d'auteurs tracés au milieu de la marge.

85 — Portrait de Raphaël, d'après le tableau de ce maître à la Galerie de Florence, P. en H.
    Très belle épreuve avant toutes lettres. Dans la marge on lit : 8e *épreuve d'essai.*

GELÉE, dit LE LORRAIN (Claude), *peintre, né en Chamagne, près de Charmes, dans les Vosges, en 1600, mort à Rome en 1678, ou, selon d'autres, en 1682. Il a gravé à l'eau-forte.*

86 — *Vue du Campo Vaccino,* autrefois le *Forum romanum,* prise du Capitole; même composition, mais en contre-partie du tableau de *Claude,* qui se voit au Musée Royal. Sur le devant, à gauche, etc.; à droite, sur la coupe d'un fût d'une colonne renversée : CLAUDIO. 1636. ROMÆ. P. en L. (n° 23).

V. G. pour ce n° et les suivans *Le Peintre-graveur français* 1er vol. (*).

Très belle épreuve du IVe état, avant l'inscription VIA SACRA, etc.

87 Europe enlevée par Jupiter transformé en taureau. A droite, à une pierre : CLAUDIO GILLE INU. ET F. ROMÆ. 1634. P. en L. (n° 22).

Très belle épreuve du Ier état, avant les coins de la planche arrondie.

88 — Un Pâtre et deux villageoises dansant à l'ombre de grands arbres; à droite, un rustre assis sur un tronc d'arbre, joue de la cornemuse, près de lui des villageois et des jeunes filles. P. en L. (n° 10).

Très belle épreuve du IIe état, avec le n° 6, mais avant les angles de la planche arrondie, et avant que les montagnes du fond soient disparues.

GHISI, *dit* **MANTUAN (Georges),** *graveur, né à Mantoue vers 1520, s'est formé à l'école de Marc-Antoine.*

89 — La Calomnie, un flambeau à la main, et guidée par le Soupçon, traîne devant le tribunal d'un juge aux oreilles d'âne l'Innocence sous la forme d'un enfant. Le juge est assis entre la Flatterie et d'Aveuglement, dans le fond, la Vérité s'enfuit dans les airs. P. en H. (n° 64).

Première et très rare épreuve d'un état non décrit par Bartsch. Elle est avant les noms de Georges Ghisi MANT. F., 1569. Dans

---

(*) *Le Peintre-graveur français,* par M. Robert *Dumesnil.* Paris, 1835, 1836, 2 vol. in-8°. Le troisième paraîtra en avril 1838. Prix de chaque vol. 6 fr. A Paris, chez Defer, marchand d'estampes, quai Voltaire, n° 19.

l'écusson placé au tronc, avant les trois tablettes où sont les inscriptions Luca penis in..... cum privilegio et attrahit..., etc.,
et avant quantité de travaux dans différentes parties de l'estampe ;
elle est très bien conservée.

GOLTZIUS (Henri), *peintre et graveur au burin, né à Mulbrecht,
dans le duché de Juliers, en 1558, mort à Harlem en 1617,
apprit la peinture de son père, peintre sur verre, et la gravure
de* Théod. Cornhert.

90 — Le fils de Thierry Frisius, peintre hollandais. Ce jeune
homme porte un oiseau de proie sur le poing gauche, et veut
monter sur un gros chien de chasse comme sur un cheval ;
le fond est terminé par un paysage. Morceau en hauteur,
gravé en 1597, connu sous le titre de *Chien de Goltzius*.

Épreuve de la plus grande beauté et de la plus belle conservation,
d'une rare estampe la plus capitale du maître.

GOUDT (Henri), *comte palatin, peintre et graveur, né à Utrecht
en 1585, mort dans la même ville en 1630. Élève d'*Adam
Elzheimer, *d'après lequel il a gravé.*

91 — Cérès, cherchant sa fille Proserpine, se désaltère chez la
vieille Misma, et change le jeune Stélion en lézard. Titre :
Dum frugum genitrix..... Romœ, 1610. P. en H. Très belle
épreuve.

LONGHI (Joseph), *graveur au burin, né à Milan en 1766, mort
en 182..*

92 — La Magdeleine dans le désert ; elle est à demi-couchée,
et médite sur la Sainte-Écriture ; d'après le tableau du Corrège à la Galerie de Dresde. P. en L.

Épreuve avant toutes lettres, seulement les mots *Correggio pin. Joseph Longhi, sc.* tracés à la pointe.

LORICHON (Constant-Louis M.), *graveur au burin, né à Paris
en 1800. Élève de M.* Forster.

93 — La Vierge et l'Enfant-Jésus, *dite* la Vierge de *Bridge
Water ;* d'après le tableau de Raphaël, qui était à la Galerie
d'Orléans, et actuellement en Angleterre. P. en H. Épreuve
avant la lettre sur papier de Chine.

LUCAS DE LEYDE, *naquit à Leyde en 1494 de* HUGUES JACOBSZ, *peintre, qui lui enseigna les premiers élémens de son art ; de là il passa dans l'école de* CORNEILLE ENGELBRECHTSEN. *Peintre et graveur à un âge où d'autres sortent à peine de l'enfance, à douze ans, Lucas peignit un saint Hubert qui lui fut payé autant de pièces d'or qu'il avait d'années. Contemporain d'Albert Durer, il s'établit entre eux une émulation et une amitié constante. Cet excellent artiste mourut en 1533, âgé de trente-neuf ans. La grande réputation dont Lucas jouissait fit rechercher ses ouvrages ; les curieux les portèrent, déjà de son vivant, à des prix considérables : ils sont de la plus grande rareté.*

94 — Pilate montrant Jésus au peuple. Sujet composé et gravé par *Lucas*, en 1510, à l'âge de seize ans. Sur une grosse pierre placée à la droite du devant, l'année 1510 et la lettre L. P. en L. (*B.*, n° 71). Morceau capital du maître.

Très belle épreuve, mais ayant un peu souffert.

95 — Un Paysan gardant des Vaches ; une Paysanne vient d'en traire une, dont elle porte le lait dans une tinette ; au milieu de la terrasse, la lettre L et l'année 1510 sur une tablette. P. en L. (*B.*, 158). Morceau connu sous le titre de la *Petite Laitière*. Belle épreuve.

MAITRES A MONOGRAMMES.

E. S. MAITRE DE L'AN 1466. *Telle est la désignation d'un vieux maître allemand, sur lequel on n'a pas de notice, et dont les estampes sont quelquefois marquées des lettres gothiques E. ou d'autres d'un E. accompagné d'un S, et aussi quelquefois des dates de 1466 et 1467.*

Des quatre pièces, dont nous donnons la description, deux ne sont pas décrites par BARTSCH, *ni par* HEINECKEN; *les deux autres, les saint Jean et saint Sébastien, sont citées par ce premier dans son appendice comme pièces qu'il n'a pas vues et dont parle* HEINECKEN.

96 — La Sainte-Vierge tenant l'Enfant-Jésus debout sur ses genoux, lequel prend des fleurs dans un panier que tient sainte
Anne, qui est debout à droite. A gauche sainte Catherine
debout derrière le siége de gazon sur lequel est assise la
Sainte-Vierge. Pièce sans marque. H. 5 po. 4 lig. L. 3 po.
10 lig. Trois des coins de l'estampe sont à pans coupés.
Charmante pièce pleine de naïveté ; non décrite.

97 — Saint Sébastien attaché à un arbre au milieu de l'estampe,
son vêtement sous ses pieds, deux bourreaux, dont l'un, debout à droite, lui lance une flèche de son arbalète ; l'autre,
plus loin, à gauche, tend son arbalète. Au haut, à droite, l'année 1467 et la marque de l'artiste, dont à gauche la lettre E,
à droite la lettre S. (BARTSCH, *Appendice*, p. 49). P. en H.

98 — Saint Jean l'Évangéliste ; il est représenté à genoux, écri-
vant l'Apocalypse, l'aigle devant lui ; à gauche l'entrée d'un
bois où on remarque un lion et un cheval, dans le lointain
la mer, que traverse saint Christophe portant l'Enfant-Jésus.
La Vierge, entourée de rayons, apparaît dans les nues. La
marque de l'artiste et l'année 1467 au milieu du haut de l'estampe. P. en H. (BARTSCH, *Appendice*, p. 4, t. 6).
Cette estampe, bien conservée avec marge, provient d'EUCHAIRE
TROSCH, premier bibliographe d'Allemagne ; dont elle porte la
marque A. E. gothiques en encre rouge.

99 — Une Jeune Femme, la main droite appuyée sur un écusson,
dont le champ est parsemé de fleurs d'ornemens, repousse
de la main gauche un fou, qui, s'avançant vers elle, cherche à
lever sa robe. Pièce libre. Elle est sans marque. H. 5 po. 5 lig.
L. 4 po. 2 lig. Non décrite.
P. S. gothiques, marque d'un vieux maître allemand que cite
BARTSCH, *vol. 6, p. 68, et dont* CHRIST *dit avoir possédé une*
pièce avec la date de 1479. Les deux pièces dont nous don-
nons la description ne sont pas décrites par BARTSCH.

100 — Dans sa Solitude un pieux Anachorète est visité par un
un homme en pèlerinage. Le saint, coiffé d'un capuchon,
est assis à gauche de la composition, les deux mains ap-
puyées sur un bâton ; l'autre personnage, tête et pieds nus,

est assis entre deux corps d'arbre, qui supportent un toit en chaume s'appuyant sur une grotte, à l'entrée de laquelle s'aperçoit une table en pierre. Dans le haut, près des feuilles d'un arbre qui est derrière l'ermite, un oiseau prêt à s'abattre, tenant un fruit dans son bec. Au milieu du bas la marque du maître. H. 5 po. 8 lig. L. 5 po.

Cette épreuve non décrite a plusieurs piqûres de vers.

101 — Rinceau d'ornement partant du bas, à gauche, et s'étendant en trois principales branches sur toute la planche. Deux oiseaux, dont l'un est caché à la naissance du rameau, et dont on ne voit que la tête et le cou ; l'autre, perché sur la branche qui s'étend et s'abaisse sur la droite. Au milieu du bas la marque du maître. H. 4 po. 6 lig. L. 3 po. 6 lig. Pièce non décrite.

B. B. *Monogramme placé sur une estampe d'un maître qui paraît être de l'école de* MARC-ANTOINE.

102 — A la gauche de la composition une Nymphe, couchée sur un rocher, au bord d'une fontaine, est surprise par un Satyre, qui sort d'un buisson placé en avant d'un tronc d'arbre qui se voit à droite du devant. Au bas, du même côté, sous la racine de l'arbre, les lettres B. B. — P. en L. Sujet libre.

Très belle épreuve, bien conservée, d'une pièce rare.

IO. AN. BX. JEAN-ANTOINE DE BRESSE, *florissait vers la fin du* 15e *siècle.*

105 — La Sainte-Vierge, l'Enfant-Jésus debout sur ses genoux; elle est assise entre saint Joseph et sainte Élisabeth. Le Sauveur passe son bras gauche autour du cou de la Sainte-Vierge, et avance la main droite pour recevoir une fleur que lui présente le jeune saint Jean. Pièce sans marque, de forme presque carrée (*B.,* n° 5).

Ce morceau, gravé d'après un dessin de *Mantegna,* est un des plus finis et des plus considérables de *Jean de Bresse;* il est très rare. L'épreuve, belle et bien conservée, provient des cabinets *Silvestre* et *Lôgette,* où elle était attribuée à *Mantegna* par *Regnault Delalande.*

MANTEGNA (André), *peintre, graveur au burin, né dans un village près de Mantoue en 1431, mort à Padoue en 1517.*

104 — La Vierge assise dans une grotte et environnée d'un chœur d'anges; elle soutient de ses deux mains l'Enfant-Jésus qui est assis sur ses genoux, et qui se penche vers le devant de la gauche, où l'on remarque un vieillard s'inclinant en signe d'adoration. Au-devant, à droite, saint Joseph debout, un bâton à la main. Ces deux dernières figures, toute la terrasse du bas, ainsi que la partie supérieure de la grotte en-haut de l'estampe, ne sont qu'au trait. Ce morceau n'a jamais été terminé. P. en H. (*Bartsch*, n° 9).

Très belle épreuve d'une estampe extrêmement rare, elle manquait aux collections *Sikes* et *Cigognara*, si riches en vieux maîtres.

MARC-ANTOINE RAIMONDI, *dessinateur et graveur au burin, né à Bologne vers 1475, mort dans la même ville vers 1546. Les premières années de notre artiste se passèrent à Bologne, où il reçut les premières leçons de François RIBOLINI, dit LE FRANCIA, d'après lequel il grava et qui formèrent sa première manière, dans laquelle se trouvent comprises les pièces de sa composition et celle d'après MANTEGNA, gravée en 1508. Il passa à Venise en 1509, et ayant vu les gravures sur bois d'ALBERT DURER, il copia les dix-sept pièces de la vie de la Vierge, et la suite des trente-sept pièces de la Passion. Passé à Rome en 1510, il grava la Lucrèce d'après un dessin de Raphaël, qui conçut dès lors une si bonne idée de lui qu'il l'employa à graver ses autres ouvrages. Raphaël s'étant lié d'une étroite amitié avec MARC-ANTOINE, il le dirigea en présidant à l'exécution des planches, telles que celles d'Adam et Ève, le Jugement de Pâris et autres productions remarquables où se décèlent la surveillance du grand peintre.*

Régénérateur de son art en Italie, comme ALBERT DURER le fut du sien en Allemagne, il eut la gloire de former une école célèbre dans toute l'Europe. Indépendamment des Allemands, que la réputation de MARC-ANTOINE attira à Rome, et qui travaillèrent sous sa direction, dont les principaux furent B. Beham, G. Pencz *et* Binck, *tous les plus habiles graveurs italiens du* XVe *siècle appartiennent à son école, tels que* Aug. Vénitien, M. de Ravenne, Caraglio, J. Bonasone, Beatricius, Beatricet, Eneas Vicus, *les* Mantuan, *etc.*

MORCEAUX GRAVÉS DANS SA PREMIÈRE MANIÈRE, SUR SES
DESSINS ET CEUX DE FRANCIA.

105 — Saint Georges combattant contre un dragon. Il est monté sur un cheval, qui se dirige vers la droite où la reine délivrée s'enfuit. Au milieu d'en-bas est écrit : Mar.-Ant. P. en L. (*B.*, nº 98). Pièce de la première manière de Marc-Antoine. On ignore d'après quel maître il l'a gravé (*).

106 — Pyrame et Thisbée. Pyrame est étendue mort, ayant un poignard dans la poitrine. Thisbé arrive du côté gauche, exprimant son effroi par ses deux bras étendus. A droite, une espèce de mausolée marqué des lettres S. R. N. Ce morceau est des premières manières de *Marc-Antoine*, dont le chiffre et l'année 1505 sont marqués sur un petit écusson qui se voit à terre, à la droite du bas. P. en H. (*B.*, nº 322).

Belle épreuve, parfaite de conservation, d'une estampe rare.

107 — Une femme, tenant de la main droite un corps qui ressemble à un croissant et de l'autre un rouleau ; elle est debout, entre deux hommes, dont celui à droite donne du cor ; l'autre, assis à terre, à la gauche de l'estampe, lève la main gauche vers cette femme. La marque au bas, à droite, P. carrée (*B.*, nº 354). On en attribue le dessin à *Francia*.

Très belle épreuve de la collection *Mariette*.

(*) Pour ne point répéter à chaque article : épreuve avant le nom d'*Ant. Salamanca* et autres éditeurs, nous prévenons que ce morceau et les suivans du même maître sont premières épreuves avant les noms des différens éditeurs.

108 — Orphée retirant Euridice des Enfers. Il marche à gauche, jouant du violon; Euridice le suit de près. P. en H. sans marque; on la croit de l'invention de *Marc-Antoine* (B., n° 295).

Belle épreuve bien conservée.

MORCEAUX D'APRÈS LES COMPOSITIONS DE RAPHAEL.

109 — *Adam et Ève*. Adam, à la gauche de l'estampe, adossé contre un arbre, tient, de la main gauche, des pommes qu'Ève vient de lui présenter. Celle-ci est debout, à droite, appuyant la main gauche contre l'arbre de vie, et portant l'autre main à sa bouche; dans le lointain, un paysage orné de fabriques. P. en H., sans marque (B., n° 1).

Superbe épreuve d'une des plus belles et des plus rares de l'œuvre de MARC-ANTOINE. Elle a subi plusieurs restaurations.

110 — Adam et Ève s'enfuyant du Paradis; leurs pas précipités se dirigent vers la droite. P. en H., sans marque. Elle est gravée sur un dessin tiré des peintures de la chapelle Sixtine, faites par *Raphaël* (B., n° 2).

Belle épreuve d'une estampe très rare.

111 — Jésus-Christ avec ses disciples célébrant la sainte Cène; la tablette, sans monogramme, est appuyée, à droite, près du siége d'un apôtre, dont le bras droit est étendu sur la table. Ce sujet, où l'on voit sous la table les pieds de presque tous les personnages qui y sont assis, est connu sous le titre de la *Pièce des Pieds*. P. en L. (B., n° 26).

Magnifique épreuve d'une grande vigueur de ton et d'une parfaite conservation, d'une pièce importante de MARC-ANTOINE.

112 — *Sainte-Famille*. La Sainte-Vierge, assise et vue jusqu'aux genoux, allaite l'Enfant-Jésus, qui est assis sur son giron et qu'elle tient de la main gauche. Saint Joseph, debout, à droite, regarde l'Enfant. P. en H. (B., n° 60). A gauche, une petite tablette. Cette estampe, extrêmement rare, est un des chefs-d'œuvre de *Marc-Antoine*; il l'a gravée dans le temps de sa plus grande force.

Très belle épreuve.

113. — Lucrèce prête à se percer le sein. Elle est debout, tenant un poignard de la main droite, et de l'autre faisant un geste. Son pied droit posé sur le soubassement d'une balustrade, sur laquelle on lit une inscription grecque. P. H. (B., n° 192). Cette belle estampe a été gravée par *Marc-Antoine* avec le plus grand soin.

Très belle épreuve bien conservée, d'une extrême rareté.

114 — *Le jugement de Páris*. Le fils de Priam, donne à Vénus le prix de la beauté, en présence de Jupiter, d'Apollon, de Mercure, des Dieux marins, de plusieurs Nymphes et d'autres divinités. Au-devant de la terrasse, vers la droite, le chiffre du graveur; un peu au-dessus et en deux lignes RAP. VRBI. INVEN.; dans le coin à gauche, à une espèce de plinthe, et en trois lignes, ZORDENT.... AVRVM. P. en L. (B., n° 245). Cette rare estampe, la plus parfaite de *Marc-Antoine*, est gravée d'après une excellente composition de Raphaël. *Vasari* en fait le plus grand éloge.

L'épreuve que nous possédons est un diamant pour la beauté, la couleur et l'harmonie du ton, en même temps qu'elle est de la plus pure conservation; elle a une marge de 3 à 4 lig. formant plinthe sur le côté droit; elle provient du cabinet de PIERRE LELY, peintre anglais, dont elle porte la marque, et en dernier de celui de M. VAN-PUTEN (*).

115 — Apollon assis sur le Parnasse au milieu des Muses et des plus fameux Poètes. Ce morceau, gravé sur un dessin de Raphaël, rst la même composition que ce maître a exécutée en peinture dans l'une des salles du Vatican, à quelques changemens près, P. en L. (B., n° 247).

Première et rare épreuve, vigoureuse de ton et parfaite de conservation d'une pièce estimée du maître. Elle provient de la collection de CH. DE VALOIS, dont elle est signée.

116 — Vénus sortie du bain; elle est assise, s'essuyant le pied gauche avec un drap; l'Amour devant elle, tenant son arc

---

(*) A la vente duquel amateur elle fut adjugée au prix de 1,107 fr.

de la main gauche et portant l'autre sur sa tête. P. en H.
(*B.*, n° 297).

Belle épreuve d'une estampe des plus rares et des plus parfaites. Elle
est restaurée.

117 — Bacchus assis, appuyé sur un tonneau, une coupe à la main
droite; devant lui, une espèce de cuve, où un homme à genoux renverse un panier de raisin; plus loin, à gauche, une
jeune femme et deux enfans debout portent sur leurs têtes
des corbeilles remplies de fruits. Morceau nommé *la Petite
Vendange*. P. en H. (*B.*, n° 306).

Belle épreuve bien conservée d'une jolie pièce de notre artiste.

118 — Jupiter embrassant l'Amour, qui demande grâce pour
Psyché. P. en H. (*B.*, n° 342).

118 *bis* — Cupidon et les trois Grâces. P. en H. (*B.*, n° 344).

Ce morceau et le précédent d'après les peintures des angles du palais
Ghigi, à Rome. A chacun de ces morceaux sur l'entablement,
près la naissance de l'ovige, la tablette sans chiffre; elle est du
côté gauche à la première estampe, et à droite à la seconde. Très
belles et brillantes épreuves : la seconde a quelques restaurations.

119 — Le vieux Berger et le jeune Homme. Le premier assis,
tenant un bâton de la main gauche, et de l'autre montrant
à un jeune homme, debout devant lui, la main gauche appuyée
sur une sphère; une étoile que l'on remarque sur une partie
du zodiaque, à la gauche d'en-haut. P. en H. avec les lettres
MAR écrite à rebours au milieu du bas. Cette estampe est
la seule où *Marc-Antoine* se soit ainsi marqué; elle est très
rare (*B.*, n° 366). Très belle épreuve bien conservée.

120 — La Prudence. Elle est représentée sous la forme d'une
jeune femme à demi-nue, qui se regarde dans un petit miroir rond, qu'elle tient de la main droite élevée; elle est assise sur un lion et s'appuie de la main gauche sur un dragon.
Le chiffre est à la gauche d'en-bas. P. en H. (*B.*, n° 371).
Belle épreuve.

121 — Le martyre de saint Laurent, sous le règne de Valérien.
Le magistrat de Rome, entouré de ses principaux officiers,
préside au martyre du saint, que des bourreaux viennent de
placer sur un lit de fer en forme de gril, au-dessus d'un feu
de charbons ; une foule de peuple entoure les officiers du
magistrat, et occupe les galeries qui sont dans le fond. Sujet
composé de cinquante et une figures, d'après un dessin de
Baccio Bandinelli, dont le tableau devait être exécuté pour
l'église de Saint-Laurent de Florence. A gauche, sur la terrasse et sur le devant, près d'une pierre où est l'inscription :
BACCIVS BRANDIN INVEN, le chiffre du graveur. P. en L. (*B.*,
n° 104). Nommée en Italie *la graticolo di santo Lorenzo*. Cette
estampe, l'une des plus importantes de *Marc-Antoine*, est faite
dans sa plus grande force, accoutumée aux grâces de Raphaël.
Cet excellent graveur a porté dans cet ouvrage la manière
de ce grand peintre, et adouci celle un peu sévère du peintre
et sculpteur florentin.

L'épreuve que nous possédons de cette belle estampe est celle dite
aux deux fourches. Elle est d'une rareté extrême et manque à
presque tous les cabinets de l'Europe, même les plus riches (*). Elle
diffère de celle qui se trouve ordinairement en ce que le bourreau
qui étend le saint sur le gril est armé de deux fourches, dont il
tient l'une en l'air de la main droite. Cette fourche a été par la suite
effacée, mais on en aperçoit encore les traces assez distinctement.
Par cette correction, la fourche que le bourreau tient de la main
gauche se trouve alongée, de façon qu'elle passe en avant de son
corps pour aller chercher la main droite.

Très belle épreuve et d'une belle conservation. Nous signalerons
seulement une légère déchirure au haut du milieu de l'estampe et
une tache dans le bas.

122 — L'homme aux deux trompettes. Ce morceau représente,
à gauche, un jeune homme assis sur un rocher, et aidant à

(*) Le Cabinet des Estampes de la Bibliothèque Royale à Paris ne la possède pas.

soulever de la main droite un globe que porte une femme ;
au milieu deux hommes, dont l'un est courbé sous le poids
d'une pierre qu'il porte sur son dos ; l'autre, plus éloigné, sonne
de deux trompettes qu'il tient de chaque main. A gauche,
un vieillard assis s'entretient avec un jeune homme, portant
un écriteau au bout d'une lance. Au bas, vers la gauche, la
marque. P. en L. (*B.*, n° 356). Très belle épreuve.

123 — Les Pèlerins. Une femme, couchée à terre, s'appuyant
sur le bras droit et tenant de la main gauche son bourdon,
a les yeux fixés sur une poire, qu'un homme assis à terre près
d'elle est occupé à peler.. Vers le fond, à droite, on voit
cheminer un pèlerin. Cette estampe est gravée d'après une
estampe de *Lucas de Leyde*. P. en H. (*B.*, n° 462).

Très belle épreuve, d'une extrême rareté (*), avant l'adresse d'*Ant. Sal.*
Exc. Bartsch ne la décrit qu'avec l'adresse. Notre épreuve
provient du cabinet du *comte de Fries*.

124 — A la droite de l'estampe, une Nymphe couchée, endor-
mie, appuyée contre un arbre, est convoitée par un Satyre,
tenant une draperie dont il vient de la découvrir. Le chiffre
de Marc Antoine, formé des lettres M F réunis, est à la gauche
d'en-bas. L. 3 po. 4 lig. H. 3 po. 1 ligne. Pièce libre.

Très belle épreuve d'une estampe de la plus grande rareté, dont
Bartsch ne parle pas.

MECKEN (Israbl de). *Ce maître, sur lequel on n'a aucune notice,
a marqué ses estampes des lettres I M ou I V M, aussi de la
simple lettre I ou de Israhel V M, toujours en caractère gothique ; deux seulement de ces estampes portent son nom en
toutes lettres, et une la date de 1502. On croit que cet artiste
a été orfèvre et contemporain de Martin Schongauer, dont
il a copié plus de quarantes estampes.*

125 — Israël, le jeune. Il est représenté en buste, vu de
trois quarts et tourné vers la droite ; il porte une barbe extrê-

---

(*) Cette rare estampe manque dans les collections les plus riches, même avec
l'adresse.

mement longue, et a la tête couverte d'un turban. On lit au bas, en caractère gothique : *Israhel van Meckenem Goltsmit.* P. en H. (*B.*, n° 2).

Cette estampe et les six suivantes sont très belles épreuves et bien conservées.

126 — Sainte Ursule. Elle est debout, vue de face, une couronne sur la tête, tenant une flèche à la main, et de l'autre donnant la bénédiction à ses compagnes rassemblées sous les pans de son manteau, que soutiennent deux anges. La marque I M est au milieu du bas, et au haut *S. Ursula* en caractère gothique. P. carrée. (*B.*, n° 132).

127 — Six sujets dans des ronds représentant le couronnement de la Vierge, l'Homme de douleurs, saint Eustache, Conversion de saint Paul, saint Charlemagne et sainte Elisabeth. Le nom d'*Israhel* gravé au bas entre les deux derniers sujets (*B.*, n° 150).

Épreuve rare où les six sujets sont réunis sur une seule feuille.

128 — Rinceaux d'ornemens, copie de l'estampe de *Martin Schongauer*, décrite au n° 239 du catalogue. Au milieu du bas le chiffre I. M. P. en L. (*B.*, n° 198).

129 — Une plante d'acanthe formant des entrelacs, au milieu desquels est debout une femme environnée de six hommes qui dansent, en diverses postures. Près de la tige d'acanthe à droite, un musicien qui joue du tambourin et du flageolet ; à gauche, un fou qui semble vouloir monter sur le rameau où se trouve la femme. Au milieu de la marge du bas est écrit : *Israël v.* M. P. en L. (*B.*, n° 200).

129 bis. — Rinceaux d'ornemens, où est représenté l'arbre de Jessé ou généalogie de Jésus-Christ. Au milieu du bas est couché Jessé, et dans chacun des ronds, formés de rinceaux se voient la Vierge, David et onze autres rois. Au milieu de la marge du bas : *Israël v.* M. P. en L. (*B.*, n° 202).

130 — Rinceaux d'ornemens en forme de frise, représentant également la généalogie de Jésus-Christ. Jessé est couché

gauche; à droite la Vierge assise, l'Enfant-Jésus sur ces genoux et les douze rois dans les entrelacs du rinceaux. En bas
vers la gauche, les lettres I. M. P. en L., en forme de frise.
(*B.*, n° 203).

MILLET BERNARD, *ancien graveur en bois, florissait vers
1454. M. Duchesne, qui le premier a fait connaître ce graveur* (*), *le regarde comme Français. Il cite de notre artiste
un saint Bernard, que possède la Bibliothèque Royale de Paris, et à la suite du saint Christophe, gravé en bois avec la date
de 1423, qu'il regarde comme les premiers essais de graveurs
allemands, il dit :* « *Le saint Bernard avec la date de 1454*
» *montre un peu plus de connaissance de l'art. La manière*
» *extraordinaire employée dans cette gravure sur bois ne*
« *peut laisser douter un instant qu'elle ne soit de la même*
» *main qu'une sainte Catherine sans date, ainsi qu'une*
» *Vierge tenant l'Enfant-Jésus, aussi sans date, mais por-*
» *tant le nom de* BERNARD MILLET. » (**)

151 — Saint Christophe. Il traverse l'eau portant l'Enfant-Jésus
sur ses épaules; à sa droite, une légende avec inscription gothique. Des rochers à droite et à gauche de la composition; à
ceux du côté droit, beaucoup plus élevés, on voit au sommet
un château, plus bas un ermitage, devant lequel est un saint
ermite une lanterne à la main. Au rocher de gauche, nous
supposons un ange tenant une légende, laquelle vient flotter
contre la tête de saint Christophe; de cet ange on ne voit que
le bout de l'aile et la légende, le reste ayant été endommagé
et remplacé par un papier blanc, ajusté avec beaucoup d'ha-
bileté. Notre estampe telle qu'elle est porte de H. 11 po.,
L. 7 po. 4 lig.

Pièce de la plus extrême rareté.

(*) Voy. p. 10 de l'*Essai sur les Nielles, gravures des orfèvres florentins du XV*e *siècle;* par Duchesne aîné; un vol. in-8°.

(**) Que possède le Cabinet des Estampes.

MOOR (Charles ou Karle de), *peintre, graveur à l'eau-forte, né à Leyde en 1656, mort à La Haye en 1736.*

152 — Portrait de Miéris, peintre; il est vu à mi-corps, tourné vers la gauche, la tête de trois quarts; il est enveloppé d'un manteau doublé de velours, la main gauche appuyée sur sa hanche. A gauche, un pilier d'une maison avec chapiteau. Morceau gravé dans le goût de *Van Dick.* Il est très rare. H. 8 po., L. 5 po. 9 l., la marge du bas 16 lig.

MUSIS (Augustin de), *dit* **AUGUSTIN VÉNITIEN**, *graveur au burin, né à Venise vers le milieu du 15ᵉ siècle. Élève de* Marc-Antoine.

133 — Vénus et Vulcain entourés d'Amours, dont deux présentent des fruits à Vénus, qui est assise à gauche auprès de Vulcain, qui tient sur ses épaules des flèches, dont Vénus garnit le carquois de Cupidon, qui arrange son arc; des deux autres amours sur le devant, à droite, un est également occupé à arranger son arc. On lit à gauche d'en-bas: raph. vrb. dvm viveret inven.; au-dessus de cet inscription est une tablette avec les lettres a. v. et l'année 1530. P. en H. (*B.*, nᵒ 349).

Belle épreuve avant l'adresse d'*Ant. Salamanque*, d'une des meilleures productions du maître.

134 — Angélique et Médor. Ce dernier, assis à terre, fait des caresses à Angélique couchée sur ses genoux. Le fond offre un paysage. P. en H. Sans marque. D'après un dessin de *Jules Romain.* (*B.*, nᵒ 484).

Très belle épreuve avant l'adresse d'*Ant. Sal.*, exc. gravée vers la gauche d'en-bas. Parfaite de conservation.

NANTEUIL (Robert), *peintre au pastel et graveur au burin, né à Reims en 1630. Ce maître, le plus célèbre graveur de portraits que la France ait produite, termina sa carrière à Paris en 1678.*

135 — Henri de la Tour-d'Auvergne, vicomte de Turenne, maréchal de France, représenté à mi-corps et en cuirasse, dans

un ovale, la tête tournée vers la gauche; grand portrait peint
et gravé par Nanteuil, en 1665. P. en H.

Première et magnifique épreuve, de la plus grande rareté. Elle est
avant la bordure ovale qui entoure le portrait, et dans laquelle se
trouve le nom du personnage, et avant les tours aux angles. Peut-
être unique dans cet état.

136. — Une autre épreuve du même portrait, avec la bordure et
les angles; elle est de la plus grande beauté et provient du
cabinet *Logette*.

137. — Pompone de Bellièvre, premier président, représenté à
mi-corps, tourné vers la droite, portrait dans un ovale, d'après
Ch. Le Brun. P. en H. Ancienne et belle épreuve.

NIELLES. (*Voyez en tête du Catalogue*).

OSTADE (ADRIEN VAN), *peintre, né à Lubeck en 1610, mort à
Amsterdam en 1685; élève de* FRAN. HALS. *OSTADE a gravé à
l'eau-forte.*

138. — Le Goûter hollandais: composition de sept figures. A
terre, à gauche: *AV. Ostade.* P. en L. (*B.*, n° 50).

Très belle et rare épreuve du 1er état, moins travaillée, et avant les
deux vers de Tibulle: *Securæ.....serena dies.* Bartsch ne cite point
cet état.

PESNE (JEAN), *peintre, graveur à l'eau-forte et au burin, né à
Rouen en 1623, mort à Paris en 1700.*

139. — L'Extrême-Onction, d'après le tableau de N. Poussin.
P. en L. de deux feuilles assemblées.

Première et rare épreuve avant la lettre; seulement à droite:
*N. Poussin Andeliensis pinxit. Ex Museo P. Freart D. de
Chanteloup Parisys.*

PICART (BERNARD), *dessinateur et graveur, né à Paris en 1673.
Élève de son père,* ET. PICART, *dit* LE ROMAIN.

140 — Marie-Stuart, reine d'Écosse, décapitée au château de
Fotheringhay, le 8 février 1587; Charles 1er, roi d'Angle-

terre, décapité à Withall le 30 janvier 1649. P. en L. Deux lettres grises, D et H, quatre estampes dessinées et gravées par B. Picart, en 1729, 1730. Pièces estimées du maître. Très-belles épreuves.

POILLY (François de.), *graveur au burin, né à Abbeville en 1622, mort à Paris en 1693. Élève de P. Daret, se perfectionna sur les ouvrages de* Corn. Bloemaert.

141 — La Vierge, l'Enfant-Jésus, sainte Anne et saint Jean, sujet dit la *Vierge au Berceau*, d'après le tableau de Raphaël, au Musée Royal. P. en H.

Première épreuve de la plus grande rareté, avant les secondes tailles à plusieurs parties des chairs des figures et sur les draperies, et où le terrain du devant est presque blanc; elle est aussi avant les noms d'auteurs. On ne connaît que deux épreuves de cet état : la seconde est au Cabinet des Estampes. Notre épreuve a un pli au milieu.

RAIMONDI, *voyez* **MARC-ANTOINE**.

REMBRANDT *dit* **VAN RYN** (Paul), *né dans un moulin sur les bords du Rhin le 15 juin 1606; il mourut à Amsterdam en 1674. Cet artiste n'est pas moins célèbre par ses gravures à l'eau-forte que par ses tableaux; elles excitent l'admiration par leur effet. On ne peut pousser plus loin l'intelligence des grandes oppositions de la lumière aux ombres. Pour ses estampes, comme pour ses tableaux, on peut le surnommer le prince du clair-obscur. Malgré les nombreuses productions de sa pointe et les différences d'état que Rembrandt lui-même s'est plu à multiplier, les belles épreuves sont très recherchées et payées fort cher.*

Première classe. — *Portraits de Rembrandt.*

142 — Tête ressemblant à Rembrandt, avec moustaches; elle est vue de face et tournée vers la droite, et coiffée d'une espèce de turban. Belle épreuve, *Bartsch*, n° 2 (3).

Ce dernier numéro entre parenthèses est celui du catalogue de *Gersaint et Daulby*.

143 — Rembrandt, coiffé d'un bonnet, une écharpe autour du cou, et le corps tourné à gauche. Au bas, dans la marge, vers le même côté : *Rembrandt, f. 1633. B.*, 19 (22). Très-belle épreuve du troisième état.

144 — Rembrandt tenant un sabre de la main droite. Il est coiffé d'un turban et vêtu d'une robe garnie d'hermine. Au haut du fond, à gauche : *Rembrandt, f.* 1634. *B.*, 18 (23). Belle épreuve.

145 — Rembrandt et sa Femme, vus de face. Ce peintre, assis devant une table, tient un porte-crayon de la main gauche ; à sa droite, sa femme aussi assise et tournée vers lui. Au haut du fond, à gauche : *Rembrandt, f.* 1636. *B.*, 19 (24).

Toute première épreuve avec le trait carré continué au haut de la planche, lequel n'existe que de trois côtés aux épreuves ordinaires. Bartsch ne décrit pas cette différence.

146 — Une seconde épreuve sans le trait carré continué.

147 — Rembrandt coiffé d'un bonnet de mezzotin orné d'une plume. *B.*, 20 (25).

Épreuve où ne se voit pas le nom de *Rembrandt, f.* 1638, qui se trouve ordinairement au haut vers la gauche de l'estampe.

148 — Rembrandt appuyé ; il est représenté en demi-corps, vu de trois quarts, tourné vers la gauche, coiffé d'une espèce de mezzotin ; ses longs cheveux crépus descendent sur son manteau. Au haut du fond, à gauche : *Rembrandt, f.* 1639. *B.*, 21 (26).

Belle épreuve d'un des plus beaux portraits de *Rembandt* faits par lui-même, avec de légères corrections au crayon autour du bonnet et dans le bas à droite.

DEUXIÈME CLASSE. — *Ancien Testament.*

149 — Adam et Ève. *B.*, n° 28 (29). Dans la marge du bas : *Rembrandt, f.*, 1638. P. en H.

Belle épreuve du Ier état, avec le reflet sur la cuisse d'Ève.

150 — Abraham caressant Isaac. Le patriarche est assis, dirigé vers la droite; il a entre les jambes son fils Isaac, qui tient une pomme de la main gauche. Au bas, à gauche : *Rembrandt, f. B.*, nº 38 (132). P. en H. Belle épreuve.

151 — Abraham avec Isaac, au moment où son fils lui demande où est la victime à immoler. Au bas, dans le coin à gauche : *Rembrandt, f.*, 1645. P. cintrée du haut. *B.*, 34 (32). P. en H. Belle épreuve, avec les barbes de la planche.

152 — Le Sacrifice d'Abraham : l'ange arrête le bras du patriarche prêt à immoler son fils. Au bas, à droite, près le trait carré : *Rembrandt, f.* 1665. *B.*, 35 (33). P. en H. Belle épreuve.

155 — Jacob assis, les mains élevées et s'abandonnant à la douleur à la vue de la robe de Joseph qu'on lui présente. Vers la droite du devant : *Rembrandt van Ryn, f.* P. en H. *B.*, 38 (35).

Très belle épreuve d'un morceau estimé de *Rembrandt*.

154 — Joseph, en présence de son père et de sa mère, récite ses songes à ses frères. Au bas, à droite, sur une chaufforette, près le fauteuil de Jacob : *Rembrandt, f.* 1638. P. en H. *B.*, nº 37 (37).

Très belle et rare épreuve du Iᵉʳ état, où le visage d'un des frères de Joseph, qui est debout derrière lui, coiffé d'un turban, a le visage clair; le rideau et le battant d'une porte derrière lui sont presque blancs.

155 — Joseph s'élançant des bras de la femme de Putiphar. A la gauche du bas : *Rembrandt, f.* 1634. *B.*, 36 (36). P. en L.

156 — Mardoché à cheval, revêtu des habits royaux, un sceptre à la main droite, est conduit en triomphe par Aman. *B.*, 40 (39). P. en L.

Très belle épreuve vigoureuse de ton, avec les barbes de la planche.

157 — L'ange qui disparaît devant la famille Tobie. Vers la gauche du devant : *Rembrandt, f.*, 1641. *B.* 43 (42). P. en L.

Magnifique épreuve, provenant du cabinet de M. *Robert Dumesnil.* Elle est avant les traits qui ombrent le coin de la terrasse à gauche.

158 — La même estampe sur papier des Indes ; elle porte la marque de la collection *de Graves*.

TROISIÈME CLASSE. — *Nouveau-Testament*.

159 — L'Adoration des Bergers. Sujet éclairé par la lumière d'une lanterne que tient un vieillard placé au milieu de la composition. P. en L. *B*., n° 46 (45).

Belle épreuve du Ier état. Elle est sur papier des Indes.

160 — La fuite en Égypte. La Sainte-Vierge donne la main à l'Enfant-Jésus, placé entre elle et saint Joseph. Au bas, à droite : *Rembrandt, f.*, 1654. *B*., 60 (54), P. en L.

Très belle épreuve avec barbe, provenant de la collection *de Graves*.

161 — Jésus-Christ prêchant au peuple. Le Sauveur est élevé sur un perron, placé du côté gauche. Estampe connue sous le titre de la *Petite-Tombe*. *B*., n° 67 (66). P. en H.

Épreuve rare du IIe état, où le bras droit et le derrière de la robe de l'homme coiffé d'un turban, qui est à gauche de la composition, sont poussés au noir. Elle a 6 lignes de marge.

162 — Notre Seigneur debout, la main droite élevée, répondant aux questions des Pharisiens sur le tribut dû à César. *B*., 68 (67). P. en L.

Belle épreuve du IIe état, avant la retouche entière de la planche.

163 — Les Vendeurs chassés du Temple par notre Seigneur. A droite, dans une tribune, plusieurs personnes autour du grand-prêtre, assis sous un baldaquin. Au bas, du même côté : *Rembrandt, f.*, 1635. *B*., 69 (69). P. en L.

Belle épreuve du Ier état, où la bouche de l'homme tombé sur le dos est moins ombrée. Elle est signée **P. Mariette**, 1667.

164 — Notre Seigneur parlant à la Samaritaine. Sa main gauche est appuyée sur le puits, près duquel le Sauveur est assis. Dans le fond, un grand monument en ruine. Au ciel, à droite : *Rembrandt, f.*, 1634. *B*., n° 71 (70). P. en H.

Belle épreuve.

163. — Notre Seigneur guérissant les malades. Le Sauveur debout, vers le milieu de la composition, un peu sur la gauche, est vu de face, la main droite élevée, et parle au peuple. En avant, une femme malade couchée à terre à ses pieds et plusieurs malades implorent son secours. P. en L. Connue sous le nom de la *Pièce aux cent florins* (*). B., n° 74 (75).

Cette pièce, la plus capitale de ce maître par la vérité d'expression, l'effet admirable et la magie du clair-obscur, est ici magnifique épreuve du Ier état de Bartsch, sur papier du Japon, et de la plus belle conservation, avec un pouce de marge.

166. — Jésus-Christ au jardin des Oliviers. Notre Seigneur, priant à genoux, est soutenu par un ange; dans l'éloignement, au bas, à gauche, les apôtres dorment à terre. Au coin, à droite, on lit avec peine: *Rembrandt, f.*, 165. P. en H. B., 75 (78).

167. — Les trois Croix. B., n° 78 (80). P. en L.

Épreuve du Ier état. La tête du vieillard affligé, que quelques personnes emmènent vers la gauche de l'estampe, n'est qu'au trait. Il n'y a ni nom ni année. Cette estampe rare est sur vélin. Elle provient de la collection *Poggi*.

168. — Les saintes Femmes au pied de la Croix, de notre Seigneur crucifié entre les deux larrons; le mauvais larron, vu par le dos, est à la gauche de l'estampe; le bâton avec l'éponge est posé sur sa croix. Morceau de forme ovale. B., 79 (81).

Très belle épreuve d'une jolie pièce du maître. Elle a les barbes de la planche.

(*). Ainsi nommée à cause du prix de cent florins où cette estampe fut portée du vivant de *Rembrandt*. La rareté des premières épreuves et le prix auquel elles ont été portées depuis, a plus que justifié le nom de *pièce aux cents florins*.

A Londres, à la vente de M. *Pole Carew*, en 1834, une épreuve du même état que celui que nous décrivons, ayant toute sa marge, a été adjugée au prix de 163 *livres sterling* 16 *schellings*, environ quatre mille cinq cent francs, argent de France.

169 — Le bon Samaritain donnant deux deniers au maître de l'hôtellerie et recommandant à ses soins un pauvre blessé, qu'un valet transporte dans ses bras de dessus un cheval, que tient un jeune garçon. *B.*, n° 90. (77). P. en H.

Rare épreuve du 1er état, où la queue du cheval est blanche et le mur du perron au-dessus de lui est clair et sans ombre, et avant le nom de *Rembrandt inventor et fecit*, 1633. Elle a 4 lig. de marge.

170 — La Décollation de saint Jean. Le saint à genoux, les mains jointes, est tourné vers la droite. Sur le devant de l'estampe, à gauche : *Rembrandt, f.* 1640. P. en H. *B.*, n° 92. (92.) Belle épreuve d'un morceau toujours faible, l'eau-forte ayant peu mordu.

171 — Le Martyre du saint Étienne. Le saint à genoux, en tunique, tourné vers la gauche, est entouré de Juifs prêts à le lapider. Du même côté, sur le devant, à une petite bande : *Rembrandt, f.* 1635. P. en H. *B.*, n° 97. (98). Belle épreuve.

QUATRIÈME CLASSE. — *Sujets pieux.*

172. — Saint Jérôme assis, des lunettes sur le nez, occupé à lire ; le lion, dont le corps est caché par un tronc d'arbre, est à gauche. Au dessus du tronc d'arbre : *Rembrandt, f.* 1648. P. en H. *B.*, n° 103 (102). Belle épreuve.

173 — Saint Jérôme assis, occupé à lire. Le saint, dont il n'y a que la tête de terminée, le reste étant au trait, est à la gauche de la composition ; le lion, vers le milieu, sur une éminence de terre. Dans le fond, un paysage avec fabrique et petit pont de bois. P. en H. *B.*, n° 104 (105). Très belle épreuve avec les barbes de la planche.

CINQUIÈME CLASSE. —*Sujets allégoriques et de fantaisie.*

174 — La Jeunesse surprise par la Mort : la Mort sort d'un souterrain placé au fond à droite. Au bas, dans la marge, du côté gauche : *Rembrandt, f.* 1639. P. en H. *B.*, n° 109 (109). Belle épreuve d'un morceau gravé d'une pointe fine et toujours faible. Épreuve rare.

175 — Le Vendeur de mort-au-rat ; un petit garçon l'accompagne et porte la boîte dans laquelle la mort-au-rat est renfermée ; ils sont devant une maison ; le marchand présente un paquet de sa drogue à un vieillard appuyé sur le bas d'une porte qui est fermée. Vers le bas, à droite, en très petit caractère : *Rt.* 1632. P. en H. (*B.*, n° 121 (147).

Belle épreuve du 2e état, avec les tailles diagonales sur les arbres près de la maison.

176 — La Faiseuse de koucks (espèces de baignets) assise, tournée vers la gauche. Au milieu de la marge du bas : *Rembrant, f.* 1635. P. en H. *B.*, n° 124 (126).

Très belle épreuve, moins travaillée d'un 1er état inconnu à *Bartsch* et décrit dans le catalogue de M. *de Claussin.*

177 — Une vieille coupant les ongles du pied droit à une jeune femme assise dans une campagne sur une butte de terre. Sujet en H. dit la *Coupeuse d'ongles. B.*, n° 127 (126). Très belle épreuve d'une pièce rare.

178 — Le Charlatan debout, un petit paquet de drogues à la main gauche. A terre, au-dessous de ses pieds : *Rembrandt, f.* P. en H. *B.*, n° 129 (137).

Belle épreuve, de la collection de M. *Robert Dumesnil.*

179 — Le Persan. On lit dans le bas, vers le milieu : *Rt.*, 1632. P. en H. *B.*, n° 152 (145). Belle épreuve d'un morceau parfaitement gravé.

180 — Le cochon représenté couché sur le côté, tourné vers la gauche, ses pieds liés avec des cordes. A la droite du terrain : *Rembrandt, f.* 1643. P. en H. *B.*, n° 157 (145).

Très belle épreuve. Elle porte la marque du *cabinet Donnadieu.*

181 — Le petit Chien endormi, couché du côté droit de l'estampe. P. en H. *B.*, n° 158 (153). Morceau rare.

182 — La Coquille, connue sous le nom du *Danier.* N° 159 (154). Dans la marge du bas : *Rembrandt, f.* 1650. P. en L.

Belle épreuve du 2e état. Le fond travaillé.

183 — Gueux en manteau décliqueté, ses pas dirigés vers la gauche. Du même côté on lit : *Rt.* a 634. P. en H. B., 167 (160).

Belle épreuve du 2e état, le visage et la jambe droite couverts d'une seule taille.

184 — Gueux assis sur une motte de terre, dirigé vers la droite. On lit dans la marge du bas : *Rt. f.* 1630. P. en H. B., 174 (168). Plus une copie trompeuse.

Très belle épreuve de l'état indiqué par *Bartsch*.

185 — Un homme, un jeune garçon et une femme portant un enfant, recevant l'aumône d'un vieillard, appuyé sur le bas de la porte d'une maison placée à gauche. Au bas, du côté opposé : *Rembrandt, f.* 1648. P. en H. B., 176 (170). Très belle épreuve d'une pièce estimée de *Rembrandt*.

186 — Paysan debout, dirigé vers la gauche, un panier à ses pieds. Morceau rare. P. en H. B., 180 (173).

187 — Une Bergère assise à la gauche, près d'un bois, est occupée à former une couronne de fleurs; un berger, couché à terre, à ses pieds, un hibou sur l'épaule, tient une flûte; le court vêtement de la bergère semble attirer ses regards. Pièce en L., dite l'*Espiègle*. Au bas de l'estampe : *Rembrandt, f.*, 1642. B., 188 (180).

Belle épreuve du 2e état, la partie du rocher près le chapeau de la bergère est ombrée, mais la tête se voit au travers des arbres.

188 — Vieillard endormi, assis au pied d'un arbre, la tête appuyée dans sa main droite; à ses pieds, un jeune garçon et une jeune femme. P. en H. B., 189 (181).

Belle épreuve d'un morceau extrêmement rare. Elle provient de la collection *Poggi*.

189 — Vénus ou bien Diane au bain; elle est assise, les jambes

dans l'eau, les bras appuyés sur un riche tapis qu'elle a à sa
droite, et près duquel est un carquois; plus loin, un gros
arbre. Au bas, à droite : *Rt. f.* P. en H. *B.*, 201 (193). Belle
épreuve d'un morceau difficile à trouver beau, l'eau-forte ayant
peu mordu. Elle a un pli dans le milieu.

190 — Un Satyre levant le drap qui couvre une femme couchée,
et la regardant, au bord du lit. Vers le milieu du bas de l'estampe : *Rembrandt*, 1659. Sujet dit *Jupiter et Antiope*. P. en
L. *B.*, 203 (195).

    Belle épreuve du 1er état, avant l'inscription *Jupyn als ont fluit, etc.*,
qu'on trouve vers le haut, à droite, aux épreuves postérieures.

HUITIÈME CLASSE. — *Paysages.*

191 — *Le pont de Six.* Ce paysage fait d'après nature à la campagne du bourguemestre Six. Au coin, à droite, *Rembrandt,
f.*, 1645, P. en L. *B.*, 208 (200). Morceau gravé très légèrement.

    Très belle épreuve, d'un état non décrit et de la plus extrême rareté,
et peut-être unique. Dans notre épreuve, les chapeaux des deux
hommes qui se trouvent appuyés sur le garde-fou du pont sont seulement formés de trois traits, dite ainsi aux *chapeaux blancs*;
dans l'épreuve suivante ces chapeaux sont tout noirs.

192 — La même estampe. Les deux hommes ont les chapeaux
noirs. Belle épreuve. Rare.

193 — Vue ancienne d'Amsterdam. On distingue vers le milieu
de cette ville une grande maison, et à la droite un moulin à
vent. P. en L. *B.*, 210 (202). Belle épreuve d'un paysage gravé
d'une pointe fine et spirituelle.

194 — La grange à foin. On lit dans le bas, vers la droite, au-
dessous d'un troupeau de moutons : *Rembrandt, f.*, 1636. P.
en L. cintrée. *B.*, 224 (216).

    Très belle épreuve du 3e état, d'un charmant paysage.

195 — Au bord d'un grand chemin, à droite, un grand arbre et
trois chaumières. Au coin du devant, à gauche : *Rembrandt,*

f. 1650. Morceau cintré du haut, dit le *Paysage aux trois chaumières*. P. en L. *B.*, 217 (209).

Belle épreuve du 2e état chargée de noir.

196 — Paysage à la tour carrée, qui se voit au milieu de la composition ; sur la gauche, deux chaumières, et à droite du devant : *Rembrandt, f.*, 1650. P. en L. cintré du haut. *B.*, 218 (210).

Belle épreuve du 2e état d'un morceau rare.

197 — Le Berger, sa famille et son troupeau se reposant au bord d'une rivière. Au bas, à gauche, en caractère très fin : *Rembrandt, f.*, 1644. P. en H. *B.*, 220 (212). Très belle épreuve.

198 — Le Bouquet de bois, paysage gravé entièrement à la pointe-sèche. A droite : *Rembrandt, fe.*, 1652. P. en L. *B.*, 222 (214). Très belle épreuve du IIe état d'un morceau très rare.

199 — La Chaumière entourée de planches. Un peu vers la gauche du bas est écrit : *Rembrandt*. P. en L. *B.*, 232 (224). Belle épreuve du IIe état. La petite montagne, où se voient deux chiens, est ombrée de plusieurs tailles.

200 — La Chaumière et la Grange à foin. Au coin du bas, à droite : *Rembrandt f.*, 1641. P. en L. *B.*, 225 (217). Très belle épreuve d'un paysage supérieurement gravé et très fini : l'un des plus beaux de *Rembrandt*.

201 — La chaumière au grand arbre. Sur le devant, à droite : *Rembrandt f.*, 1641. P. en L. *B.*, 226 (222). Ce morceau fait le pendant du précédent. Belle épreuve.

202 — Le Paysage au bateau. Au bas à gauche *Rembrandt f.*, 1650. P. en L. *B.*, 236 (227). Belle épreuve.

203 — La Barque à la voile ; sur le devant, à gauche, au bord d'un canal se voient trois maisons de paysan, par-dessus les toits desquelles s'aperçoivent quelques arbres. Morceau en largeur, très légèrement gravé, et dont l'eau-forte a peu mordu. *B.*, 228 (219). Très belle épreuve où le lointain est très visible.

204 — Vue d'un moulin, que l'on prétend être celui où Rembrandt reçut naissance. Au coin, à droite : *Rembrandt, f.,* 1641. P. en L. *B.*, 233 (225). Belle épreuve où l'on voit encore les barbes de la planche.

205 — Paysage, où se voit à droite un obélisque en pierre près d'une chaumière ; à gauche, un canal au bord duquel boit un chien. P. en L. cintré du haut. Très belle épreuve.

NEUVIÈME CLASSE. — *Portraits d'hommes.*

206 — Homme sous une treille, vu à mi-corps ; il est coiffé d'une toque et tourné vers la droite. Au haut, vers la gauche : *Rembrandt, f.* 1642. P. en H. *B .*, 257 (237).

Belle épreuve d'un joli morceau qui est rare. Il provient du cabinet de M. *Robert Dumesnil.*

207 — Vieillard à grande barbe, coiffé d'un bonnet de fourrure et enveloppé d'un manteau, vu à mi-corps, assis dans un fauteuil et tourné vers la droite. Sur le fond, du côté opposé : *Rt. fe.,* P. H. *B.,* 262 (242). Très belle épreuve.

208 — Homme à barbe courte et bonnet fourré, et en manteau bordé ; il est vu à mi-corps, tourné vers la droite. Du côté opposé, vers le haut du fond : *Rt.,* 1631. P en H. *B.,* 263 (243). Superbe épreuve du IIe état, avant la planche réduite de trois lignes, mais la main supprimée.

209 — Jeune homme assis et réfléchissant ; il est vu à mi-corps, tourné vers la gauche, près d'une table où sont des livres. Au haut du fond, à gauche : *Rembrandt f.,* 1637. P. en H. *B.,* n° 268 (248). Très belle épreuve.

210 — Ephraïm Bonus, médecin juif, représenté presque jusqu'aux genoux, en manteau court, un chapeau à bords rabattus sur la tête ; sa main droite, ornée d'une bague placée à l'index, est posée sur le pilastre de la rampe d'un escalier qu'il descend. Le nom de *Rembrandt* et l'année se voient à peine à la droite du bas de l'estampe. P. en H. Ce portrait, l'un des plus beaux de Rembrandt, est connu sous le nom du *Juif à la rampe*. B.; n° 278 (258).

Très belle et rare épreuve du IIe état.

211 — Utembogaerd, receveur des États de Hollande, assis devant une table, vêtu d'une robe garnie de fourrure; son regard est tourné à droite, vers un garçon de comptoir, un genou en terre, auquel il donne un sac d'argent. Dans le fond, à gauche, une femme, et derrière elle un homme, un sac d'argent sur le bras. Le devant, du même côté, est occupé par un coffre-fort. Au-dessous, dans la marge, on lit : *Rembrandt f.*, 1639. Ce portrait, l'un des plus beaux de Rembrandt, est connu sous le nom du *peseur d'or*. P. en H. B., n° 281 (261).

Très belle et rare épreuve sur papier blanc, où les écus qui se trouvent dans le tonneau sont à peine visibles.

212 — Renier Anslöo, ministre anabaptiste, vu de face, assis dans un fauteuil, derrière une table, sur laquelle est un grand livre ouvert; il tient une plume de sa main droite, laquelle est appuyée sur un livre fermé, et de la gauche il montre celui qui est ouvert. Sa tête est couverte d'un chapeau; il porte une fraise autour du cou et sa robe est garnie de fourrure. Sur une espèce de paravent, à droite, on lit : *Rembrandt f.*, 1641. P. en H. B., n° 271 (251). Ce portrait, l'un des plus finis que nous ayons de la pointe de Rembrandt, est rare.

Très belle épreuve sur papier des Indes.

213 — Clément de Jonghe, marchand d'estampes, assis dans un fauteuil, vu de face et jusqu'aux genoux, enveloppé dans un manteau, les mains gantées et un grand chapeau sur la tête. Au bas de l'estampe, à droite, dans l'ombre : *Rembrandt*, 1651. P. en H. B., n° 272 (252).

Belle épreuve du Ier état, avec le fond blanc, et où les tailles qui traversent le dossier du fauteuil sont plus écartées dans le milieu, ce qui forme une petite barre blanche.

214 — Jean Lutma, orfèvre de Groningue, assis dans un

fauteuil, une petite statue à la main, représenté de face, vu jusqu'aux genoux. P. en H. *B.*, n° 276 (256).

Rare épreuve du Ier état, avant la croisée ; le nom de *Rembrandt, f. 1656*, et le nom de *Johannes Lutma aurifex natus Groningue.*

215 — Wtembogardus, ministre de Hollande, une calotte sur la tête et une fraise au cou, vu à mi-corps, assis devant une table placée à la droite. Portrait, dans un ovale, sur une planche de forme octogone. Au haut de l'ovale, à gauche : *Rembrandt, f.;* à droite : 1635 ; au bas, quatre vers latins, par Grotius : *Quem præmirari plebes......* P. en H. *B.*, n° 279 (259).

Très belle épreuve du IIe état. Elle provienc du cabinet *Poggi.*

216 — Jean Corneille Sylvius, ministre et homme savant, vu à mi-corps ; il porte une calotte et une fraise ; sa robe est doublée de fourrure ; sa main droite, saillante en avant, porte son ombre dehors de l'ovale qui entoure le portrait. Autour de l'ovale : *spes mea Christus. Joh. Cor. Sylvius, Amsteledamo... natus aos 74.* Au bas, dans la marge, seize vers latins ; dans le haut, sur le fond noir, on lit : *Rembrandt, f.* (*) 1646. P. en H. *B.*, n° 280 (260).

Superbe épreuve d'une des belles estampes de *Rembrandt.*

217 — Homme faisant la moue, la tête couverte d'une calotte ; il est vu presque de profil, la tête tournée vers la droite. P. en H. *B.*, n° 308 (285).

Morceau rare ; épreuve avant les contretailles, notamment sur le front et sur les yeux. M. *Robert Dumesnil* est le premier qui ait constaté cette différence. Elle provient de son cabinet.

218 — Tête grotesque, vue de profil, couverte d'un bonnet de fourrure, pièce cintrée du haut. *B.*, n° 326 (305). Rare.

219 — Un petit buste de vieillard vu presque de trois-quarts et dirigé vers la droite ; il est coiffé d'un bonnet de fourrure et

(*) *Bartsch* dans sa description ne mentionne pas le nom.

vêtu d'un manteau ouvert sur le devant, lequel laisse voir une ceinture. P. en H. *B.*, n° 333 (suppl., 128).

220. — Portrait d'homme vu à mi-corps, de profil et dirigé vers la droite; il a la physionomie d'un nègre, quoiqu'il ne soit pas noir; sa tête est couverte d'un turban orné d'une aigrette. Ce morceau est très faiblement gravé, à l'exception du turban et de l'ombre portée derrière ce personnage, qui, ayant été retouchés à l'eau-forte, sont plus vigoureux que le reste de la planche. Cette pièce rare, que Bartsch cite sans marque, est attribuée à Rembrandt. P. en H. (*B.*, n° 339).

Notre épreuve est de la plus grande rareté; le fond n'a pas été ébarbé des imperfections du cuivre, et l'on y découvre un nom dont nous ne pouvons déchiffrer que les lettres *A d H.* Cette marque se trouve répétée en deux endroits, au haut à gauche, et à droite au niveau de la bouche du personnage.

221. — La grande Mariée juive assise dans un fauteuil, un rouleau de papier à la main, tournée vers la gauche; sa longue chevelure descend sur ses épaules et lui couvre partie des bras. P. en H. *B.*, n° 340 (311).

Très belle épreuve du 3e état, entièrement terminée et où l'année est visible. Elle a six lignes de marge et vient du cabinet de M. *Robert Dumesnil.*

222. — La Liseuse; elle est vue presque de profil, assise devant une table, la main gauche sur un grand livre ouvert qu'elle paraît lire. Au fond, vers la gauche: *Rembrandt, f.* 1634. P. en H. *B.*, n° 345 (314).

Belle épreuve du 1er état, où le contour du nez est un peu interrompu à la pointe sur la ligne de la narine.

223. — La Mère de Rembrandt, vue de face, tournée vers la droite, la main placée sur sa poitrine. Au bas de l'estampe, vers la gauche: *Rt.*, 1631. P. en H. *B.*, n° 349 (318.). Ancienne épreuve.

224. — Vieille qui dort, vue de face, la tête appuyée sur sa main gauche et les deux bras posés sur un livre ouvert; ses lunettes sont passées dans l'index de sa main droite. P. en H.

B., 35o (3o3). Très belle épreuve d'un morceau gravé avec goût et finesse.

225 — Tête de la mère de Rembrandt; elle est vue à mi-corps, tournée vers la droite. Au fond, du même côté : *Rt*., 1628. P. en H. *B.*, n°. 354 (321). Belle épreuve.

226 — Etude de jeune femme; elle est tournée vers la droite, coiffée d'une simple cornette ; morceau gravé très légèrement. Très belle épreuve d'une pièce de la plus grande rareté. P en H. *B.*, n° 375 (suppl., 141).

226 *bis.* — Une seconde épreuve rognée.

ROOS (Jean-Henri), *peintre, né à Otterberg, dans le Bas-Palatinat, en 1631, mort à Francfort en 1685. Élève de Julien Dujardin et d'Ad. Bye. Roos a gravé à l'eau-forte.*

227 — Berger assis; il dort appuyé contre un piédestal, sur lequel sont un vase, un terme et un tronçon de colonne ; à la droite du berger une chèvre couchée, trois béliers et deux moutons; un est debout. Au bas de la terrasse, vers la gauche : *J. H. Roos, fecit* 1660. P. en H. (*B.*, n° 38).

> Première épreuve de la plus extrême rareté. Elle est avant des tailles passées depuis sur différentes parties de la composition ; principalement sur un mouton debout et sur la chèvre couchée, qu'on voit à gauche, avant le ciel, dont la place est blanche et où l'on n'aperçoit que la marque de quelques imperfections de cuivre, et avec l'année 1660 au lieu de 1664 qu'on trouve aux secondes épreuves. Cette épreuve provient du cabinet de M. *Rossi*.

ROTA (Martin), *dessinateur et graveur au burin, né à Sebenigo, en Dalmatie, dans le 16e siècle.*

228 — Le jugement dernier, d'après la célèbre peinture de Michel-Ange Buonaroti, dans la chapelle Sixtine au Vatican. P. en H. (*B.*, n° 28). Ce morceau, le chef-d'œuvre de *Martin Rota*, a été gravé par ce maître en 1569.

> Première et rare épreuve, avec les mots : *Lucæ Guarinony formis.* Aux secondes épreuves où ces mots sont effacés, on a substitué une petite tablette à la place.

RUISDAEL *ou* **RUYSDAEL** (Jacques), *peintre, né à Harlem vers 1635, mort dans la même ville en 1681. Ruisdael a gravé à l'eau-forte.*

229 — Champ de blé, bordé par un taillis ; à droite, un vieux chêne et de grands arbres. Du même côté, au ciel : *J. Ruysdael fe.*, et au bas de la marge : F. V. W. *excud.* P. en L. (B., n° 5). Belle épreuve d'un morceau rare.

230 — Trois grands chênes vers le milieu d'une campagne, sur un monticule sablonneux, en avant duquel se voient plusieurs troncs d'arbres, à gauche une rivière bordée de très petits joncs. Dans la marge, vers le milieu : *J. Ruysdael in. fe.* 1649. Le chiffre 4 à rebours, et à gauche : F. V. W. P. en L. (B., n° 6).

Belle épreuve d'une pièce rare ; la marge du bas est rapportée et le papier a un peu souffert.

SAFT-LEVEN, **ZACHTLEVEN** *ou* **ZACHTLEEVEN** (Herman), *peintre, né à Rotterdam en 1609. D'Argenville le dit élève de* Van Goyen*, et, selon lui, il aurait terminé sa carrière à Utrecht en 1685. Ce maître a gravé à l'eau-forte.*

231 — Grand arbre dans une campagne, dont la cime s'étend vers la gauche ; au milieu du devant, près d'un vieillard appuyé sur un bâton, un homme semble indiquer le chemin à un voyageur ; un vaste pays, où serpente une rivière bordée de villages et collines, termine cette composition. Vers la gauche du bord d'une terrasse, le chiffre formé des lettres H. S. L. et l'année 1647. P en H. (B., n° 28).

SCHONGAUER (Martin), *peintre, et le plus ancien des graveurs allemands dont le nom soit connu.* Bartsch *(vol. VI, p. 103) nous apprend que les seuls renseignemens que l'on ait sur cet habile artiste sont d'anciennes inscriptions marquées sur son portrait, conservé dans le cabinet de* Paul de Praun*, à Nuremberg (*). Les estampes de Schongauer sont marquées des lettres M. et S gothiques, séparées par une croix ; aucune ne porte de date.*

---

232 — Jésus-Christ attaché à la croix, au pied de laquelle est à gauche la Vierge, à droite saint Jean. La marque au milieu du bas. P. en H. (*B.*, n° 23).

Belle épreuve avec les barbes de la planche.

233 — Jésus-Christ attaché à la croix; des anges en l'air recueillant son sang dans des calices. A gauche, est debout la Sainte-Vierge, et à droite saint Jean tenant un livre. Le chiffre au milieu d'en-bas. P. en H. (*B.*, n° 25).

Très belle épreuve avec les barbes de la planche; elle a un pli au milieu.

234 — La Vierge assise à terre dans une cour, l'Enfant-Jésus sur ses genoux, portant l'index de sa main droite vers la bouche; à gauche s'élève un petit arbre sec. Le chiffre au milieu du bas. P. en H. (*B.*, n° 32). Belle épreuve.

235 — Saint Antoine tourmenté par les démons qui l'ont transporté en l'air, et qui ont emprunté les formes les plus hideuses pour l'effrayer. Au bas, à droite, se voit le sommet d'un rocher, et le chiffre de l'artiste au milieu du bas. P. en H. (*B.*, n° 47). Cette estampe est une des plus considérables et des plus rares de l'œuvre. Vasari la cite avec éloge.

Très belle épreuve de la plus grande rareté d'un premier état non décrit par *Bartsch*; elle est avant la prolongation des petits traits horizontaux jusqu'au milieu de l'estampe à gauche, et avant plusieurs autres intercalés dans le haut. Elle est bien conservée.

236 — Le Meunier; il se dirige vers la gauche et fait marcher devant lui une ânesse chargée d'un sac et suivie de son ânon. Le chiffre est au milieu du bas. P. en L. (*B.*, n° 89).

Cette pièce et les trois suivantes sont très belles épreuves et bien conservées.

1483. Sur le dos du tableau une inscription en allemand se traduisant ainsi : « *Maître Martin Schongauer, peintre, nommé le beau Martin par rapport à son art, né à Colmar, mais du chef de ses parens bourgeois d'Augsbourg, noble d'origine, etc., mort à Colmar l'an 1499, le 2 février; Dieu lui fasse grâce, et moi, Jean Larghmair, je fus son disciple en 1488* ».

237 — L'Éléphant; il est vu de profil, tourné vers la gauche, une tour sur son dos. Le chiffre au milieu du bas. P. en L. (*B.*, no 92).

238 — Les Cochons; à gauche une truie accompagnée de cinq petits cochons de lait. Le chiffre au milieu du bas. P. en L. (*B.*, no 95).

239 — Rinceau d'ornemens prenant naissance au bas de la droite. On y remarque, à gauche, un perroquet vu de profil et tourné vers la droite, et plusieurs autres oiseaux aux quatre coins de la planche. Le chiffre au milieu du bas. P. en L. (no 114).

SUYDEROEFF (JONAS), *dessinateur et graveur, né à Leyde en 1613, mort vers la fin du 17e siècle, élève de P.* SOUTMAN.

240 — Les quatre Bourgmestres d'Amsterdam, auxquels un officier des états vient annoncer l'arrivée de Marie de Médicis dans leur ville; d'après *Théodore Keyser.* Sujet connu sous le titre des *quatre Bourgmestres.* P. en L.
Épreuve très vigoureuse de tons et d'un bel effet.

STRANGE (ROBERT), *peintre en miniature et graveur au burin, né à Pomona, l'une des îles Orcades, en 1723, mort à Londres en 1792, élève de* Ph. LE BAS.

241 — Charles Ier, roi d'Angleterre, représenté debout, vu en pied, près de son cheval, que tient un écuyer; d'après le tableau de *Ant. Van Dick* au Musée Royal. P. en H.
Épreuve avant la lettre.

Henriette d'Angleterre, femme de Charles Ier, et ses enfans; d'après le tableau de *Ant. Van Dick*, qui est à Londres. P. en H.
Épreuve avant la lettre. Cette estampe et la précédente proviennent du cabinet de M. *Franck.*

242 — La Vénus, d'après le tableau du Titien, à la Galerie de Florence. P. en L. Très rare épreuve avant la lettre.

243 — Cléopâtre représentée debout, se faisant piquer le sein par un aspic, d'après un tableau du Guide. P. en H. Épreuve avant la lettre.

TENIERS (DAVID, LES), *peintres, nés à Anvers, l'un en* 1582, *l'autre en* 1610. *Le premier,* TENIERS-LE-VIEUX, *élève de* P.-P. RUBENS, *mourut à Anvers en* 1619; *le second, élève de son père et d'*ADRIEN BRAUWER, *à Bruxelles, en* 1690. *Les deux* TENIERS *ont gravé à l'eau-forte, et ont marqué leurs estampes du monogramme formé de la lettre* T *placée dans la lettre* D.

244 — Fête ou danse flamande, composition de trente-quatre figures. A terre: D. TENIERS. FEC., et presqu'au milieu: *Abraham Teniers excudit.* P. en L.

VISSCHER ou DE VISSCHER (CORNEILLE), *dessinateur et graveur à l'eau-forte et au burin, né à Harlem vers* 1610, *mort en* 1670.

245 — La Fricasseuse ou faiseuse de gâteaux, nommés en Hollande *koucks* (beignets): P. en H. Morceau capital de *C. Visscher.*

> Première et rare épreuve avant l'adresse de *Clément de Ionghe exc.,* ordinairement placée à terre entre le chenet de la cheminée et la partie ombrée où se trouve *Corn. Visscher inv. et sculps.;* très belle et bien conservée.

246 — Le Joueur de vielle, accompagné de cinq enfans, dont un joue du violon; sujet à demi-figures, d'après Adrien Van Ostade; composition dont le haut est cintré. Morceau à l'eau-forte: l'un des meilleurs de *Corn. Visscher;* sujet connu sous le titre des *Viollonneurs.* P. en H.

> Première épreuve rare à trouver aussi vigoureuse de tons; elle vient du cabinet de M. *de Claussin.*

247 — Gellius Bouma, ministre de l'Évangile à Zutphen, représenté assis, vu jusqu'aux genoux, à sa droite une table où est un grand livre ouvert et un petit papier sur lequel on lit: *C. de Visscher ad viuum deli. et sculp.* écrit en trois lignes; dans la marge *Gellius Bouma...,* et au-dessous, quatre vers latins et quatre vers français...; à la suite *J. Visscherus.* P. en H. Morceau l'un des plus beaux de *C. Visscher.*

> Première et très rare épreuve où le feuillet de gauche, dont le coin relève, est tout blanc, et où celui de droite n'a pas les tailles indiquant les lignes d'écriture: épreuve dite ainsi au *livre blanc.*

VOSTERMAN dit LE VIEUX (LUCAS), *graveur au burin, né à Anvers, en 1578, étudia la peinture dans l'école de P.-P. RUBENS, quitta cet art pour celui de graveur.*

248 — Trois anges pleurant à la vue du corps mort de Jésus-Christ descendu de la croix et étendu sur les genoux de la Vierge; pièce en largeur, d'après le tableau d'Ant. *Van Dick* au Musée Royal. Dans la marge du bas six vers latins: *illa meis . . . . tristis eat.*

> Magnifique et rare épreuve sans le mot *excudit* après le nom du graveur, et avant la troisième ligne *per illustri apud Anglos domino D. Georgio Gagi . . .* Elle vient du cabinet *Mariette*, 1re vente, et du cabinet *Saint-Yves*, où elle fut vendue 520 francs.

WOOLLETT (WILLIAM), *graveur à l'eau-forte et au burin, né à Maidstone en 1735, mort à Londres en 1785, élève de* FRANÇOIS VIVARÈS.

249 — La Bataille de la Hogue (*The Battle at la Hogue*), d'après le tableau de B. West, de la *Collection Grosvenor*, 1781. P. en L. Épreuve avant la lettre.

250 — Édifices romains en ruines (*Roman edifices in ruins*), d'après le tableau de Claude Lorrain, de la *Collection Radnor*, 1772. P. en L. Épreuve avant la lettre.

WOUVERMANS (PHILIPPE), *peintre, né à Harlem en 1620, mort dans la même ville en 1668, élève de son père* PAUL WOUVERMANS *et de* JEAN WYNANTS.

251 — Un cheval debout, vu de profil, dirigé vers la droite et attaché par son bridon à un tronc d'arbre. Au haut, à gauche, est un chiffre, composé des lettres *F. W. et fe.* et l'année 1643. L'un et l'autre au rebours. P. en L. (*B.*, vol. 1, pag. 399). Cette estampe, la seule que l'on connaisse de ce maître, est d'une extrême rareté (*).

ZOAN ANDREA, *lequel marquait ses ouvrages des lettres* Z. A. C'est à l'abbé ZANI que l'on doit la découverte du nom de cet

---

(*) M. Duchesne, dans la Notice des estampes exposées à la Bibliothèque Royale, édition de 1837, nous apprend que l'épreuve que possède cette bibliothèque a été payée 1,200 francs en 1830.

habile graveur. Ce maître qui a gravé d'après MANTEGNA *a aussi imité sa manière.* Zoan Andrea

252 — Pièce allégorique. A la droite de cette estampe, l'Igncrance, représentée par une femme grasse et aveugle, assise sur un globe, une couronne sur la tête et la main gauche sur un gouvernail. Derrière elle, debout, l'Envie et l'Aveuglement; un sac d'argent destiné à être versé dans un gouffre ouvert au bas du trône et un autre sac vide semblent désigner la Prodigalité. Vers la gauche, une femme aveugle et un homme la tête enveloppée, et qui se laisse conduire par un chien, se voient sur le bord d'un abîme, où ils vont se précipiter, séduits par le son d'une flûte dont joue un homme à oreilles d'âne et jambes d'oiseau de proie, ainsi que par la fausse direction d'un autre homme, qui a pareillement des oreilles d'âne à la tête. A droite, au bas de l'estampe, on lit : VIRTUS COMBUSTA. P. en L. (*B.*, n° 16).

Autre morceau destiné à faire la partie inférieure du précédent. On y remarque, à droite, Mercure, un genou en terre, ayant le caducée de la main gauche, retirer d'un abîme un des sujets aveugles qui s'y sont précipités sous le règne de l'Ignorance, et qu'on y voit entassés en grand nombre. A gauche Daphné, changée en laurier, s'élève des décombres d'un édifice tombé en ruines. Les mots VIRTUS DESERTA, gravés sur une tablette attachée au corps de Daphné; et sur une des pierres ruinées on lit : VIRTUTI, S. A. I. P. en L. (*B.*, n° 17).

On croit ces deux morceaux gravés d'après *A. Mantegna*; ils sont rares.

www.ingramcontent.com/pod-product-compliance
Ingram Content Group UK Ltd.
Pitfield, Milton Keynes, MK11 3LW, UK
UKHW021502090726
13657UKWH00003B/1479